Hans Jellouschek
Bettina Jellouschek-Otto

GRENZEN DER LIEBE

Nähe und Freiheit in Partnerschaft und Familie

Klett-Cotta

Klett-Cotta
www.klett-cotta.de

Printed in Germany
Schutzumschlag: www.buero-jorge-schmidt.de
Unter Verwendung eines Fotos von plainpicture/fStop
Gesetzt von Dörlemann Satz, Lemförde
Gedruckt und gebunden von Friedrich Pustet GmbH & Co. KG, Regensburg
ISBN 978-3-608-94592-8

Zweite Auflage, 2013

Bibliografische Information der Deutschen Nationalbibliothek
Die Deutsche Nationalbibliothek verzeichnet diese Publikation in der
Deutschen Nationalbibliografie; detaillierte bibliografische
Daten sind im Internet über <http://dnb.d-nb.de> abrufbar.

Inhalt

Vorwort

Wenn wir in diesem Buch das Thema »Grenzen« im Zusammenhang mit Paar- und Familienbeziehungen aufgreifen, nehmen wir uns eines Gegenstands an, dem wir in der Fach- und Ratgeber-Literatur der letzten Zeit eher selten begegnet sind. Wie wir aber hoffen, in diesem Buch deutlich machen zu können, ist dieses Thema für eine harmonische Gestaltung des Zusammenlebens, für die Vermeidung unnötiger Trennungen und die Zufriedenheit der jeweiligen Beziehungspartner von sehr großer Bedeutung.

Wir haben das nicht nur in unserem eigenen Leben erfahren. Als Partner, die beide schon frühere Ehen mit Kindern hinter sich haben, waren wir unmittelbar und in vielfältiger Weise mit Grenz-Themen konfrontiert. Und in unserer therapeutischen Arbeit mit Paaren und Paargruppen erleben wir es jeden Tag, dass an der Art und Weise, wie im Beziehungsleben mit Grenzen umgegangen wird, sich Glück oder Leid der Betroffenen wesentlich mit entscheiden. Wir haben deshalb unsere Erfahrungen damit hier zusammengefasst, und lassen auch Autoren zu Wort kommen, bei denen wir diesem Thema begegnet sind, allen voran einen der »Urväter« der Systemischen Familientherapie, nämlich Salvdor Minuchin (1978), dessen Sichtweise von menschlichen Beziehungssystemen wir sehr viel verdanken.

Bedanken möchten wir uns auch bei den vielen Paaren – und über diese auch bei ihren Familien –, mit denen wir arbeiten konnten und deren Erfahrungen wir hier mit vielen Beispielen (natürlich in verfremdeter Form) einfließen lassen. Schließlich noch einen herzlichen Dank an Heinz Beyer vom Verlag, der das Werden dieses Buches begleitet und es mit viel Geduld ertragen hat, wenn wir Schwierigkeiten mit dem Einhalten der zugesagten Termine hatten.

Entringen, im März 2013 Bettina Jellouschek-Otto
Hans Jellouschek

*»Nur was begrenzt ist,
lässt sich füllen«*

Wilhelm Schmid

Einleitung

Grenzen und Liebe – wie passt das zusammen? Liebe assoziieren wir ja eher mit grenzen*los*. In der Partner-Liebe suchen wir Verschmelzung. Wir ersehnen eine Liebe ohne Grenzen, ohne Bedingungen. Und Kinder – so lehrt uns immer eindringlicher die Säuglingsforschung der letzten Jahre – brauchen die *un*bedingte Liebe ihrer Eltern. Die Liebe zu Partner/-in und Kindern bringt uns auch tatsächlich manchmal dazu, dass wir eigene Grenzen sprengen, manchmal förmlich »über sie hinauswachsen«.

Aber andererseits: Schon bei den ersten aufkeimenden Verliebtheitsgefühlen überprüfen Partner sehr genau, wo die Grenzen des anderen verlaufen und ob der andere die Grenzen, die man selbst respektiert wissen will, auch beachtet. Und auch bei der Liebe zu den Kindern wird deutlich, dass Liebe und Grenzen keineswegs im Gegensatz zueinander stehen müssen. Zu deren Wohl und aus Liebe zu ihnen müssen Eltern ihnen manchmal Grenzen setzen, um zu verhindern, dass sie sich zum Beispiel durch riskantes Handeln verletzen oder sonst irgendwie schaden.

Auch in vielen anderen Situationen unseres partnerschaftlichen und familiären Zusammenlebens braucht unsere Liebe Grenzen. Die Beziehung zu seiner Partnerin verlangt zum Beispiel von einem Mann, dass er seiner Liebe zu den eigenen

Eltern Grenzen setzt und darauf verzichtet, sie öfter zu sehen, weil er Zeit für seine Frau haben will. Oder die Partner verzichten auf ihre ersehnte gemeinsame Zeit, weil das erkrankte Kind ihre liebevolle Fürsorge braucht.

Aber auch andere, sogar sehr ich-bezogene Gründe kann es geben, der Liebe Grenzen zu setzen: Wenn der Mann von der Arbeit nach Hause kommt und sich erst mal zurückzieht, weil er so erschöpft ist, dass er Zeit nur für sich selbst braucht, um dann wieder für Frau und Kinder da zu sein. Oder die Mutter kleiner Kinder, die sich für ein paar Stunden aus der Familie löst, um ihre Freundin zu besuchen, weil sie es gerade nicht mehr aushält, so total in Anspruch genommen zu werden. Hier gebieten die Begrenzungen des eigenen Ichs, der eigenen Möglichkeiten und Fähigkeiten, dass wir den anderen diese Grenzen zumuten, statt über uns selber hinwegzuleben. Auch das sind Grenzsetzungen *für* die Liebe, denn lieben können wir eben nur mit unserem begrenzten Ich. Wenn wir darauf keine Rücksicht nehmen, überfordern wir uns, und das kommt letztlich niemandem zugute, weder uns, noch unseren Lieben.

Unsere Liebe braucht also Grenzen. Je klarer wir diese Grenzen erkennen, zu ihnen stehen und sie den anderen zumuten, desto echter wird die Liebe, desto »nahrhafter« und letztlich beglückender für die, die wir lieben. Darum geht es in diesem Buch: Wir werfen aus unterschiedlichen Perspektiven den Blick auf die komplexen Beziehungsgeflechte in Partnerschaft und Familie und wollen klären, wo und wem gegenüber hier die »Grenzen der Liebe« verlaufen, und auf welche Weise sie zu ziehen sind, damit die Liebe sich entfalten und unser Leben reich machen kann.

Wir orientieren uns dabei am Lebenszyklus des Paares und an den unterschiedlichen Phasen, die dabei zu durchlaufen sind. Somit wird für Sie, unsere Leserin / unseren Leser, auf den ersten Blick nicht alles in gleicher Weise aktuell sein.

Denn manche Phasen, wie zum Beispiel die des verliebten Paares, werden Sie vielleicht schon hinter sich haben und andere, zum Beispiel die des alten Paares, werden möglicherweise noch vor Ihnen liegen. Dennoch kann das Thema des Grenzen-Setzens auch in diesen schon oder noch nicht gelebten Phasen von großer praktischer Bedeutung sein: Sei es als Vorbereitung und Prophylaxe für Herausforderungen, die auf Sie zukommen, sei es zum Verstehen und Bearbeiten bestimmter aktueller Probleme, die sich als Altlasten aus schlecht gelungenen Grenzziehungen in der Vergangenheit herausstellen und die Sie gegenwärtig belasten. Um diesen Nutzen zu erzielen, laden wir Sie ein, sich auch den Kapiteln zu widmen, die nicht, nicht mehr oder noch nicht direkt ihre derzeitige Paar- bzw. Lebenssituation betreffen.

1. Kapitel

Liebe braucht Grenzen – Grenzen brauchen Liebe

Bevor wir uns die Entwicklungsphasen von Paar- und Familienbeziehungen unter dem Gesichtspunkt »Grenzen der Liebe« genauer ansehen, stellen wir zuerst die Frage: Was ist überhaupt in diesem Zusammenhang eine Grenze, die der Liebe dient? Was wird begrenzt und was heißt es, Grenzen zu setzen für die Liebe? Daran soll auch deutlich werden, welche menschlichen Fähigkeiten gefordert sind, wenn es darum geht, Grenzen so zu ziehen, dass sie die Liebe nicht zerstören, sondern sie schützen und ihre Entfaltung ermöglichen.

Grenzen, die der Liebe dienen

Was damit gemeint ist, wurde uns vor einiger Zeit durch die Erzählung einer jungen Frau besonders deutlich:

»Als ich Silvio kennenlernte«, berichtet Anne, »war er schon ziemlich forsch – südländisch eben. Ich dachte mir, da musst du auf der Hut sein. Dann kam der erste ›Absacker‹ in seiner Studentenbude. Der ungewohnte Alkoholpegel machte mich unendlich müde. ›Leg dich doch hin‹, wies er auf sein Bett ›ich schlafe auf dem Boden.‹ Er bedrängte mich nicht, er tolerierte meine Grenze – auch wenn er sich sicher schon auf eine wilde

Nacht gefreut hatte. Das war für mich der Startschuss unserer Liebe. Auf dieser Basis konnte ich dann meinen Gefühlen freien Lauf lassen.«

Anne spürte sehr genau, wo ihre Grenzen waren, was sie als Grenzüberschreitung erlebt hätte, und Silvio seinerseits gab zu erkennen, dass er diese Grenze zu respektieren bereit war. Was ist das nun, was Anne hier »begrenzt«? Es ist zunächst ihr Körper, in dem sich aber ganz wesentlich auch ihre Persönlichkeit ausdrückt, der somit zu ihrem ganz ureigenen »Hoheitsgebiet« (Brockhausen 2012) gehört, dessen Grenzen sie in dieser Begegnung mit Silvio respektiert erlebt, was ihr wiederum ermöglicht, ihrerseits dann die Grenzen zu öffnen und auf ihn zuzugehen.

Zu diesen »Hoheitsgebieten« unserer Persönlichkeit gehört freilich noch mehr als unser Körper: auch unsere typischen Eigenschaften, unsere Gefühle, unsere Überzeugungen, unser geschichtliches »Geworden-Sein« und noch vieles mehr, was »zu uns gehört«. Gehen wir dann eine Liebesbeziehung ein, verändern wir die Grenzen um diese »Hoheitsgebiete«. Wir geben sie für den geliebten Partner zwar nicht einfach auf, aber wir *öffnen sie*, gestalten sie durchlässiger. Wir erlauben zum Beispiel dem Liebespartner, dass er auf uns zugeht und uns in den Arm nimmt, ohne uns zu fragen. Oder wir erlauben ihm, uns hin und wieder einmal zu interpretieren: »Ich sehe schon an deinem Gesicht, Schatz, dass dich der Kinofilm nicht begeistert hat.«

Außerdem erweitern wir unser »Hoheitsgebiet« hin auf einen *gemeinsamen Bereich als Paar*, den wir dann durch eine klare Grenze nach außen schützen. Kommen später Kinder dazu, gibt es ihnen gegenüber wieder bestimmte Grenzziehungen, aber auch -erweiterungen, ohne dass die anderen, die individuellen und die Paar-Grenzen, aufgehoben würden.

Somit treten Liebende in ein Spannungsfeld ein, denn es gilt, sich selbst, sich als Paar oder sich als Familie nicht zu verlieren und dennoch dem anderen oder den anderen »Dazugehörigen« immer wieder Räume zu öffnen. Das heißt aber auch, dass die Grenzen in menschlichen Systemen zwei verschiedene Eigenschaften haben müssen: Sie müssen einerseits *klar* und damit unmissverständlich sein, und sie müssen gleichzeitig *flexibel* und *durchlässig*, das heißt – je nach sich wandelnder Situation – auch veränderbar sein.

Was braucht es, damit dies gelingen kann?

Es braucht als Erstes *Bewusstheit über die eigenen Bedürfnisse.* Zum Beispiel: Wie viel Verbindlichkeit der Beziehung wünsche ich mir, um für die sexuelle Begegnung bereit zu sein? Oder: Wie viel Raum und Zeit brauchen wir als Paar, um unsere Liebesbeziehung pflegen zu können?

Bewusstheit allein genügt aber nicht, denn – und das ist das Zweite – wir müssen uns auch zugestehen, *diese individuellen Bedürfnisse haben zu dürfen*, »eigen« zu sein, uns zu unterscheiden und mit dieser Eigenheit liebenswert zu sein. So wie wir anderen die individuellen Bedürfnisse ebenfalls zugestehen und sie damit auch schätzen und lieben.

Wie geschieht eine Grenzziehung?

Vier menschliche Tugenden oder Fähigkeiten scheinen uns hier besonders wichtig zu sein. Sie stammen aus dem Tugendkodex der japanischen Samurai, einer historischen Kriegerkaste mit hohen ethischen Regeln. Wir haben sie zunächst in einem ganz anderen Zusammenhang kennengelernt (Schwaiger 2001). Um ein tadelloses Leben zu führen, in dem Kampf nur als letztes Mittel in Betracht kommt, braucht es demnach folgende Tugenden:

Klarheit, Entschlusskraft, Verbundenheit und Gelassenheit.

Auch um Grenzen so zu setzen, dass sie der Liebe dienen und sie nicht beeinträchtigen oder zerstören, scheinen uns diese vier Tugenden bedeutsam, und zwar in folgender Weise: Mit *Klarheit* ist die schon beschriebene Bewusstheit gemeint. Erst wenn ich mir klar bin über mich und meine Bedürfnisse, kann ich sie auch vertreten und anderen meine Grenzen aufzeigen.

Um sie zu vertreten, zur rechten Zeit am rechten Ort, brauche ich *Entschlusskraft*. Ich muss es tun, selbst wenn die Gefahr besteht, Konflikte heraufzubeschwören und/oder den anderen zu enttäuschen. Wenn ich mich allerdings abgrenze, ohne gleichzeitig *Verbundenheit* zu signalisieren, errichte ich eine starre Grenze, stoße den anderen vor den Kopf, brüskiere und blockiere ihn, und er/sie wird entsprechend mit Gegenmaßnahmen antworten. Verbundenheit dagegen sorgt dafür, dass die Grenze, die ich ziehe, nicht starr wird, sondern flexibel bleibt. Und schließlich: damit ich der Reaktion des Gegenübers standhalten kann und nicht gleich in Beschwichtigung oder Anpassung verfalle, sobald ich Irritation bemerke, brauche ich *Gelassenheit*. Ich brauche die Zuversicht, dass ich den anderen nicht brauche, um mich wieder zu stabilisieren, sondern dass ich mir selbst helfen kann. Damit drücke ich aus: »Ich brauche dich, weil ich dich liebe« und nicht: »Ich liebe dich, weil ich dich brauche« (Erich Fromm).

Die Grenzziehungen, von denen wir hier und im Folgenden sprechen, betreffen nicht nur das Individuum, sondern auch das Paar, die Familie, die Großfamilie, den Klan usw. Immer geht es um die gleichen Grundprinzipien: Klare und flexible Grenzen zu ziehen um ein bewegliches und doch strukturiertes Gefüge zu erhalten, in dem die Liebe in ihren vielfältigen Ausprägungen, als Partnerliebe, Elternliebe, Kind-zu-Eltern-Liebe, lebendig bleiben kann.

Wenn wir sagen, dass dazu diese vier »Tugenden« notwendig sind, meinen wir freilich nicht, dass diese gleich von Anfang an voll ausgeprägt sein müssen. Vielmehr gehen wir davon aus, dass in uns allen die Potentiale vorhanden sind, um diese Fähigkeiten in Laufe unseres Lebens mehr und mehr auszuformen. Die Beziehungen selbst, die wir eingehen und mit denen wir unsere Erfahrungen machen, fordern uns immer wieder heraus, die nötigen Grenzen in Klarheit, mit Verbundenheit, Entschlusskraft und Gelassenheit ziehen zu lernen. Was dies konkret heißt und wie solche Grenzen im Einzelnen aussehen können, das möchten wir in den folgenden Kapiteln ganz konkret aufzeigen.

2. Kapitel

Das Paar – eins werden und Grenzen achten

Sich verlieben – »eins werden«

Die Liebe beginnt immer mit einer »Zweierbeziehung«: Zwei verlieben sich ineinander. »Ineinander«: Schon dieses Beiwort, das in dem Zusammenhang verwendet wird, drückt aus, was bei dieser Erfahrung im Vordergrund steht: nicht Grenzen und Abgrenzung voneinander, sondern »ineinander aufgehen«, »eins werden«, ja »*miteinander verschmelzen*«. Darin scheint sich eine unserer tiefsten Sehnsüchte zu erfüllen: Die Grenzen unseres Ichs zu öffnen und mit einem »Du« eins zu werden. Wenn dieses Gefühl nicht nur flüchtig ist, sondern tief, und die beiden immer inniger miteinander verbindet, entsteht daraus in aller Regel das Bedürfnis, auch den Alltag miteinander zu leben, ein »Paar« zu werden. »Darum wird der Mann Vater und Mutter verlassen und sich an seine Frau binden. Und die beiden werden *ein* Fleisch sein« (Gen. 2,24), so beschreibt die Bibel sehr direkt und mit drastischer Betonung auch der körperlich-sexuellen Vereinigung diesen Vorgang und diese Erfahrung.

Aber schon hier tauchen »Grenzen« auf, die dieses Einswerden braucht: Nämlich die Abgrenzung nach außen, gegenüber den eigenen Eltern: »… Vater und Mutter verlassen und sich an seine Frau binden«. Damit wird eine Wahrheit ausgesprochen, die in den letzten Jahrzehnten durch die psychologische Forschung immer wieder bestätigt wird: Die Liebe zwischen zwei (jungen) Erwachsenen verlangt die *Loslösung von den Eltern*. Damit sie in guter Weise gelingen kann, müssen die beiden das Stadium der Kindheit verlassen, sie müssen von den Eltern »abgelöst« oder jedenfalls im Prozess der Ablösung von ihnen sein.

Abgrenzung von den Eltern

Eine noch kindliche, ungelöste Bindung an die Eltern wird immer wieder dazu führen, dass aus der Liebe der jungen Erwachsenen zueinander »nichts wird«, dass sie nicht in eine neue Lebensgemeinschaft mündet, vielmehr immer wieder in bitteren Trennungen endet. Das Gelingen eines neuen gemeinsamen Lebens setzt voraus, dass das Alte in der Familie mit den Eltern hinter sich gelassen wird, und das heißt: dass die beiden – und zwar jeder der beiden! – auf dem Weg zur Erwachsenen-Autonomie sind. Natürlich kann die Liebe der Verliebtheit selbst eine starke Kraft für diesen Prozess der Verselbständigung sein, aber allein bewirken kann sie ihn nicht, wenn nicht in der Zeit vorher schon klare Schritte der Ablösung von den Eltern vollzogen worden sind.

Mit anderen Worten heißt das: Wenn Beziehungen zwischen Menschen immer wieder scheitern, wenn das »Eins-Werden« der Liebe von Mann und Frau nicht gelingt, ist dies ein starker Hinweis darauf, dass das Verlassen von Mutter und Vater seelisch noch nicht vollzogen, nicht gelungen ist. Wenn die junge Frau es zum Beispiel nicht übers Herz bringt, ihrem Mann auch einmal »Selbstversorgung« zuzumuten, weil sie gerade wenig Zeit hat, dann mischt hier wahrscheinlich auch noch ihre überfürsorgliche Mutter mit, für die es oberste Priorität war, alle in der Familie »rundum« zu versorgen. Die junge Frau ist also hierbei in ihrem Handeln und in ihren Gefühlen immer noch von ihrer Mutter abhängig und fällt damit womöglich ihrem Mann mit der Zeit erheblich auf die Nerven. Oder auch: Wenn der junge Mann sich von den beruflichen Anforderungen so stark in Anspruch nehmen lässt, dass er keine Zeit mehr für seine Partnerin hat und so die Beziehung gefährdet, dann hört er innerlich wahrscheinlich immer noch die Stimme seines Vaters, die ihn ständig antreibt, Höchstleistungen zu erbringen. Er handelt dann immer noch als der »kleine Sohn« und nicht als der erwachsene Partner seiner Frau.

Abgrenzung und Aussöhnung

Dabei ist zu beachten, dass es auch eine *»negative« Abhängigkeit* gibt, die manchmal wie Abgrenzung aussieht, es aber nicht wirklich ist. Der Erwachsene, der immer noch mit seinen Eltern hadert, auf sie schimpft und wütend ist, ist nämlich noch im selben Maße an sie gebunden wie einer, der noch wegen jeder Kleinigkeit die Eltern fragen »muss« und »nichts über sie kommen lassen« darf. Während dieses etwas von einer »Kleinkind-Abhängigkeit« hat, ist jenes eine Art »Trotz-Phasen-Abhängigkeit«, wie sie in der Phase der Pubertät bestanden hatte, in der man zwar »dagegen« sein muss, aber noch nicht wirklich auf den eigenen Füßen steht. In diesem Sinn kann man sagen, dass zu echter Ablösung, zu einem stimmigen »Verlassen« der Eltern gehört, dass man sie tatsächlich loslassen, »hinter sich« lassen kann und weder mit »positiven« noch mit negativen Gefühlen an ihnen hängt.

Gerade was die negativen Gefühle der erwachsenen Kinder

angeht, ist das leichter gesagt als getan. Viele haben erlebt, dass ihre Eltern ihnen wirklich übel mitgespielt haben und ihnen und ihren Bedürfnissen nicht gerecht geworden sind. Darum hadern sie immer noch mit ihnen, jedenfalls innerlich, wenn dies nicht auch zu ständigen äußeren Konflikten oder sogar zu Kontaktabbruch führt. Aus der verschwimmenden Grenze der Abhängigkeit versuchen sie, eine starre Grenze zu machen, die aber die Abhängigkeit nur verdeckt und nicht auflöst.

Hier wird deutlich, dass das »Vater und Mutter Verlassen« am besten durch eine innere Aussöhnung mit ihnen gelingt. Auf der Basis der Versöhnung kann man am besten loslassen und in ein eigenes, eigenständiges Leben hineingehen. Insofern steht eine liebevolle Haltung zu Vater und Mutter nicht im Gegensatz zur nötigen Abgrenzung, sondern das eine ermöglicht das andere.

Dies ist allerdings leichter gesagt, als es manchmal getan ist. Vielen hat hier schon geholfen, den inneren Hader loszulassen, wenn sie sich die Gesamtsituation ihrer Herkunftsfamilie zur Zeit ihrer Kindheit genauer angesehen haben. Flucht, Vertreibung, Kriegskinder-Schicksale oder andere schwierige Lebenssituationen der unterschiedlichsten Art machen ihnen dann deutlich, dass ihre Eltern oft schlicht überfordert waren und ihnen deshalb nicht voll gerecht werden konnten. Oft entdecken sie auf diesem Weg mit Erstaunen, was Vater und Mutter dennoch geleistet und – auch für ihr Aufwachsen – zustande gebracht haben, und das verändert dann ihre Einstellung zu ihnen nachhaltig. »Ihr habt getan, was ihr konntet – ich anerkenne das und danke euch, was ihr mir trotz allem dennoch gegeben habt.« Wenn ein solcher Satz möglich wird, bedeutet er zugleich Versöhnung und Ablösung, denn der ihn sagt, braucht den Eltern dann – innerlich oder auch äußerlich – nichts mehr vorzuhalten.

Aber stößt das Bemühen um Aussöhnung nicht manchmal an eine unüberwindliche Grenze? Zum Beispiel, wenn zu Hause immer wieder brutal geprügelt wurde? Zum Beispiel, wenn so schlimme Dinge wie sexueller Missbrauch passiert sind? Ist hier nicht die einzige Möglichkeit, diese Grenze so zu lassen? In solchen Fällen ist eine echte »Aussöhnung« wahrscheinlich kaum möglich. Hier käme es darauf an, auch ohne positiv gewandelte Gefühle »loszulassen«, und mit den ständigen inneren und äußeren Anklagen gegen die Eltern aufzuhören. Denn diese erzeugen ja immer nur neue Abhängigkeit von ihnen. Stattdessen bräuchte es einen Satz wie »Es war nicht recht, was ihr getan habt. Ich habe trotzdem etwas aus meinem Leben gemacht. Und ich gehe nun meinen Weg und verlasse euch!«

Weitere Abgrenzungen

Man kann also sagen, dass das »Ein Fleisch-Werden« des Paares dann am besten gelingt, wenn die beiden Partner ihre kindlichen Beziehungen zu den Eltern hinter sich gelassen haben. Etwas sehr Ähnliches gilt übrigens auch für *frühere Paarbeziehungen.* Dafür ein Beispiel:

> *Berthold und Barbara haben sich als Paar gefunden, nachdem sich Barbara von ihrem früheren Partner Manfred getrennt hatte. Die Verliebtheit war anfangs intensiv, dennoch wurde die Beziehung nach kurzer Zeit sehr schwierig. Was Barbara in therapeutischen Gesprächen klarwurde: Berthold war das absolute Gegenteil zu Manfred, er war ganz und gar auf Nähe aus, wollte alles mit ihr zusammen machen, suchte ständig Körperkontakt, schien ohne sie nicht mehr leben zu können. Nach dem distanzierten Manfred schien sich für Bar-*

bara das Paradies zu öffnen – bis sie plötzlich merkte, dass ihr Bertholds Art immer stärker auf die Nerven ging.
Das heißt: Die Wahl Bertholds war in gewisser Hinsicht auch so etwas wie eine »Gegen-Wahl« zu Manfred. Das »Zu Wenig« dort wurde von einem »Zu Viel« hier abgelöst. Das heißt, Barbara hatte zum Zeitpunkt, da sie Berthold kennenlernte, noch nicht den nötigen Abstand zu Manfred und zur Beziehung zu ihm. In diesem Sinn hatte sie ihren früheren Partner »noch nicht wirklich verlassen«. Sie spürte nur, dass sie bei ihm zu wenig Nähe fand, aber nicht, wie viel Nähe sie wirklich brauchte. Das machte sich dann in der Beziehung zu Berthold störend bemerkbar, weil sie sich dadurch diesem gegenüber nicht mit ihren eigenen Bedürfnissen nach Nähe einerseits, aber auch Distanz andererseits vertreten konnte.

Frühere Bindungen müssen sich also im Prozess der Paarwerdung lösen oder sollten bereits gelöst sein, damit diese gelingen kann. Ähnliches gilt außerdem auch für die vielen anderen Faktoren, die nun im Leben des verliebten Paares eine Rolle zu spielen beginnen. Es braucht immer wieder *Grenzziehungen des Paares nach außen:* Zum Schutz und zur Festigung der neuen Liebe. Die beiden treffen zum Beispiel nicht mehr so häufig wie früher ihre Kumpels und Freundinnen, sie reduzieren möglicherweise die Zeit, die sie bisher für ihre jeweiligen Hobbys aufgebracht haben oder sie bringen möglicherweise sogar ihr Studium und ihre Ausbildung in Gefahr, weil sie so viel Zeit »nur miteinander« verbringen wollen. Von solchen Übersteigerungen abgesehen ist diese Tendenz zur Abgrenzung nach außen allerdings ein notwendiger und gesunder Prozess.

Er erfordert auch, dass die verliebten Partner imstande sind, *ihre Liebe nach außen zu schützen.* Natürlich kann es wichtig sein, dass die junge Frau, der junge Mann auf die Reaktionen achtet, die der geliebte Partner im eigenen Familien- und Freundeskreis hervorruft. Manchmal macht Verliebtheit auch blind, und Eltern wie Freunde haben für manchen problematischen Punkt einen nüchterneren Blick, und darum verdient ihr Urteil auch Beachtung. Andererseits aber ist es genauso wichtig, dass die Verliebten ihren Gefühlen trauen und sich durch die andern nicht über Gebühr verunsichern lassen.

Es ist ja auch damit zu rechnen, dass hier – sowohl bei den eigenen Eltern wie bei Freunden und Freundinnen – Eifersuchtsreaktionen eine Rolle spielen. Deshalb ist eine kritische Distanz zum Urteil der anderen über den geliebten Partner durchaus am Platz. Es kommt für die Verliebten darauf an, sich einen realistischen Blick zu bewahren und dafür auch das Urteil derer zu nutzen, die das Ganze aus einer größeren Distanz betrachten, dabei aber auch den eigenen Gefühlen zu vertrauen und sich danach zu richten.

Was hier bereits deutlich und uns im weiteren Verlauf immer wieder begegnen wird: Klare Grenzziehung nach außen heißt nicht, sich nach außen abzuschließen. Klare Grenzen müssen durchlässig bleiben. Wichtige Impulse von außen müssen beachtet und mit einbezogen werden.

Entscheidung für ein gemeinsames Leben

In der Phase der Verliebtheit erleben die Partner das Eins-Werden. Damit ist es aber noch nicht getan. Um ein Paar zu werden, um dessen Einheit zu verwirklichen, reichen die Gefühle, auch wenn sie noch so intensiv sind, nicht aus. Es muss die bewusste Entscheidung hinzukommen, die das Gefühl in die konkrete Realität überführt: *Die Entscheidung für ein gemeinsames Leben.* Die Phase der Verliebtheit bedeutete gefühlsmäßige Einheit. In der Entscheidung für ein gemeinsames Leben wird diese gefühlsmäßige Einheit in Verbindlichkeit übergeführt, Verbindlichkeit in einer ganzen Reihe von Lebensbereichen: Zusätzlich zu den ganz eigenen »Hoheitsgebieten« der beiden Partner werden von ihnen nun gemeinsame Bereiche der Verantwortung geschaffen, zum Beispiel der gemeinsame Haushalt, die gemeinsame Wohnung, die gemeinsamen Ausgaben. Jeweilige Verpflichtungen werden ausgehandelt, Pläne für eine weitere Zukunft werden geschmiedet und gemeinsame Urlaube gestaltet (Brockhausen 2012, S. 44).

Im Eingehen einer Ehe, durch die dieser Prozess zu einem gemeinsamen verbindlichen Leben noch einmal betont, gesellschaftlichen definiert und rituell begangen wird, verpflichten sich die beiden Partner dann außerdem, Verantwortung füreinander in den Wechselfällen des künftigen Lebens zu übernehmen.

Davor schrecken junge Menschen heute häufig zurück. Sie schwanken hin und her, zögern oder verdrängen die Frage. Entweder gehen sie dann nach einiger Zeit wieder auseinander, oder sie bleiben zwar zusammen, aber in einem unklaren, nicht definierten Zustand. Auch dies hat in der Regel mit einem nicht gelungenen »Vater und Mutter Verlassen« zu tun: Entweder ist die Bindung eines der beiden oder beider an die Eltern noch so stark, dass die Entscheidung, nun selber ein erwachsenes Paar-Leben zu begründen, damit in Konflikt gerät, oder aber eine wirkliche Bindung an die eigenen Eltern ist nie zustande gekommen, sodass – trotz manchmal intensivster Verliebtheitsgefühle und Sehnsüchte danach – eine tiefsitzende Angst vor bewusst eingegangener Bindung eine solche Entscheidung verhindert. Eine solche Angst kann auch mit Erfahrungen von Trennungen der Eltern zu tun haben.

Scheidungskinder misstrauen oft den Konventionen der Ehe. Haben sie doch am eigenen Leib erlebt, wie das, was vorher vertraut, schützend und verlässlich war – die Beziehung der Eltern – nun nicht mehr existierte. Diese Zusammenhänge zu erkennen und sich dafür professionelle Hilfe zu holen, könnte hier sehr hilfreich sein, damit der Schritt in ein eigenes Leben in einer Beziehung gelingen kann.

Wenn den Partnern das Überführen der intensiven Gefühle füreinander in die bewusste Entscheidung für ein gemeinsames Leben gelingt, ist die Einheitserfahrung der Verliebtheit übrigens eine sehr gute Grundlage für das weitere Zusammenleben. Sie schafft ein Zusammengehörigkeitsgefühl in der Tiefe der Seele der beiden, und auch wenn über dieser »Glut« sich mit den Jahren vielleicht »viel Asche« ansammeln wird, kann die Glut durch entsprechende Bemühungen wieder erreicht und neu entfacht werden.

Dies ist der Grund für die – in Paartherapien vielfach gemachte – Erfahrung, wie gut es den Partnern tut, wenn sie eine solch intensive Zeit in ihrer Geschichte vergegenwärtigen können: Wenn sie durch die Erinnerung die Glut von damals wieder spüren, relativiert dies oft die Schwere der aktuellen Probleme, deretwegen sie gekommen sind. Die tiefe Verbindung »unter« all den Grenzen, die die beiden durch ihre Konflikte zwischen sich aufgebaut haben, wird wieder erlebbar. Das heißt nicht, dass eine Paartherapie nur dann erfolgreich sein kann, wenn eine so intensive Zeit vorhanden war und erinnerbar wird, aber wenn es so ist, kann es eine große Hilfe zur Bewältigung aktueller Schwierigkeiten sein.

Es wird für jedes Paar eine lebenslange Aufgabe bleiben, das »Ineinander«, das in der Verliebtheit meist wie von selber passiert, immer wieder zu aktualisieren: In allen kommenden Phasen ihres Zusammenlebens, sei es in der des Existenzaufbaus, der Familiengründung, der Nachfamilien- und der Altersphase, ist es für das Gedeihen heutiger Paarbeziehungen sehr hilfreich, dass das Paar immer wieder seine »Zweisamkeit« betont. Das heißt, dass die Partner sich von anderen und anderem abgegrenzte Zeiten und Räume füreinander bewusst nehmen und sie fruchtbar gestalten.

Auch wenn dabei bei weitem nicht immer die beglückende Verschmelzungserfahrung des ersten Anfangs möglich wird: Das »Ineinander«, das »Miteinander« und das »Füreinander« des Paares werden dadurch immer wieder beglückend oder wenigstens bestärkend bewusst und erfahrbar. Diese Erfahrung allein ist es, die heutzutage immer ausschließlicher die Haltbarkeit einer Beziehung ermöglicht, weil alle anderen Faktoren, die früher Ehen zusammengehalten haben – das wirtschaftliche Überleben zum Beispiel, die weltanschaulichen Überzeugungen und gesellschaftlichen Konventionen und dergleichen – immer mehr an Bedeutung verlieren.

In den bisherigen Ausführungen haben wir vor allem die Wichtigkeit der Einheit in der Zweiheit, und dies in der Abgrenzung von jeweiligem Dritten betont. Dies ist aber nur *ein* wichtiger Aspekt. Für die Paarbildung sind noch zwei andere Aspekte von zentraler Bedeutung, denen wir uns jetzt zuwenden: Der eine davon ist die Notwendigkeit der individuellen Abgrenzung *innerhalb* der Zweierbeziehung, und der andere ist die immer wieder nötige Integration von »Drittem« in die Zweierbeziehung. Diese ist ja auch immer wieder nötig, damit das Paar nicht in eine Isolierung von seiner Umwelt gerät.

Autonomie und Bindung

Für den erstgenannten Punkt wieder ein Beispiel:

Axel und Anita sind ein Paar Mitte Dreißig. Sie sind beide berufstätig, kinderlos und haben vieles, um nicht zu sagen alles, gemeinsam: Sie machen den Haushalt miteinander, arbeiten in einem ähnlichen Beruf, teilen die gesamte Freizeit miteinander, weil sie die gleichen Hobbys und Vorlieben haben, und sie haben keine individuellen, sondern nur gemeinsame Freunde. Warum nur kommen sie dann – bei so viel Harmonie – in die Paartherapie? Ganz einfach: Sie haben schon seit einer ganzen Weile keinen Sex mehr. Dabei gibt und gab es bisher keinerlei Außenbeziehungen. Und früher hat es gut geklappt miteinander. Es gibt keine »funktionalen Störungen«: Wenn es hie und da einmal dazu kommt, »funktioniert« es durchaus. Es gibt auch keine traumatischen Erfahrungen mit Missbrauch oder dergleichen in der Vergangenheit, die vielleicht Blockaden in der Gegenwart verursachen würden. Vielmehr gibt es keinen Sex, weil sie einfach keine Lust mehr aufeinander haben. Immer ist irgendetwas anderes wichtiger, immer gibt es etwas zu tun, und wenn dann doch einmal Zeit wäre, ist einer oder sind beide zu müde … Das beunruhigt sie nun seit geraumer Zeit: »Irgendetwas kann mit unserer Beziehung doch nicht stimmen – bei so totaler Lustlosigkeit.«

An fehlender Einheit und Gemeinsamkeit kann es hier sicher nicht liegen. Die haben sie in einem nicht mehr zu überbietenden Maß erreicht. Aber sie haben etwas versäumt im Laufe ihres Paar-Lebens, was wiederum mit Grenzen zu tun hat: Jeder der beiden hat zu wenig darauf geachtet, *ein eigenes, individuelles Leben zu führen*, ein eigener individueller Mensch zu sein und immer mehr zu werden. Die fehlende Sexualität zeigt es: In dieser Beziehung ist kein eigenständiger Mann mehr da, der Lust auf eine attraktive, weil eigenständige Frau hätte, und keine eigenständige Frau, in der die Lust auf einen attraktiven, weil eigenständigen Mann erwachen könnte. Die beiden sind ein seltsames, fast geschlechtsloses Einheitswesen geworden, sie haben sich so weit aneinander angeglichen, dass ihre jeweilige Andersartigkeit als Frau im Vergleich zum

Mann und als Mann im Vergleich zur Frau fast ganz verloren gegangen ist. Darum hat sich die sexuelle Lust aus ihrem Leben verabschiedet.

Wollen sie diese wieder zurückgewinnen, müssen sie *anfangen, Grenzen zu setzen*. Denn die Anziehung in der erotischen Beziehung resultiert immer aus dem Aufeinandertreffen von Unterschieden, ja Gegensätzen. »Gegensätze ziehen sich an«, und die faszinierende Einheitserfahrung in der Verliebtheit ist somit immer eine Erfahrung der *Einheit von Gegensätzen*: Der eine ist so stark, der andere so anschmiegsam, der eine ist so emotional, der andere so klar in seinen Gedanken, der eine ist so beweglich und einfallsreich, der andere so stabil und verlässlich. Dieses und Ähnliches macht die Faszination aus, bewirkt die erotische Anziehung und sexuelle Verschmelzung, und deshalb wird darin eine fast überindividuelle Einheitserfahrung gemacht, in der sich die Grenzen des eigenen Ichs aufzulösen scheinen zu einem größeren Ganzen, das die Gegensätze in sich vereint.

Die Faszination dieser Einheitserfahrung hängt also gerade am Unterschied, an der Polarität der beiden. Das heißt aber mit anderen Worten: Damit ihre Einheit eine *lebendige* Einheit bleibt, muss jeder der beiden seine Eigenart behalten und pflegen. Und das bedeutet auch manchmal: *Abgrenzung vom Partner.* Nur dann wird die Bindung der beiden aneinander eine erwachsene Bindung bleiben und nicht zu einer kindlichen Bindung werden, wie sie bei Axel und Anita zu beobachten ist: eine Art wechselseitiger Mutter-Sohn / Vater-Tochter-Bindung – mit sehr viel Fürsorge, Vertrauen und Gegenseitigkeit, aber sehr wenig Unterschied und Eigenständigkeit.

Aber warum brauchen Unterschied und Eigenständigkeit unbedingt Abgrenzung? Wenn wir die Sache rein theoretisch betrachten, ist diese Notwendigkeit nicht unbedingt einzusehen. Aber im konkreten Leben wird sie sofort deutlich: Wenn

Axel einem bisher geheim gehaltenen Bedürfnis folgt und etwa ein Kraft-Training beginnt, das jeweils am Samstag um 18.00 Uhr stattfindet, und auf das Anita ihrerseits überhaupt keine Lust hat, muss er sich von ihrem Wunsch nach Gemeinsamkeit an diesem Abend – und vielleicht auch von seinem eigenen Wunsch, mit ihr zusammen zu sein, der ja auch noch mitschwingt – abgrenzen. Abgrenzung heißt dabei nicht unbedingt, den anderen zu enttäuschen, oder ihm Schmerz zuzufügen, auch wenn das manchmal unvermeidlich scheint. *Abgrenzung ist nötig aus der Einsicht heraus, dass Autonomie zur Bindung dazugehört, weil Bindung sonst kindliche Abhängigkeit vom anderen wird.*

Zwei Beispiele

In unserem Beispiel wird deutlich, dass es bei dieser individuellen Grenzziehung innerhalb der Paarbeziehung durchaus schwierige Klippen zu umschiffen gilt. Dies soll noch an zwei weiteren typischen Beispielen veranschaulicht und damit das Thema Autonomie und Bindung in weiteren Varianten erläutert werden:

> *Nadine hatte in Moritz einen Mann gewählt, der erfüllt war von dem Bestreben, es ihr immer recht zu machen. Die Betonung bei Moritz lag also eindeutig auf der Bindung, dem »Wir«. Anfangs – und auf dem Hintergrund ihrer Herkunftsfamilie, die sehr wenig Rücksicht auf ihre Bedürfnisse genommen hatte – konnte Nadine das in vollen Zügen genießen. Nur mit der Zeit wurde ihr immer unwohler. Immer häufiger wünschte sie sich, dass er auch einmal eigene Wünsche eingebracht, eigene Bedürfnisse artikuliert und zu ihnen gestanden hätte.*

So freute sie sich sehr, als er einmal nach einem zärtlichen gemeinsamen Morgen den Wunsch äußerte, doch am Abend nochmals miteinander so schön zu kuscheln. Nun hatten sie an diesem Abend ein Planungsgespräch über ein anstehendes Renovierungsprojekt vereinbart. Als Nadine – unglücklicherweise – dies erwähnte (»Aber heute Abend haben wir doch …«), ruderte er sofort zurück: »Ach ja stimmt, da haben wir ja das Gespräch vereinbart …« Nadine bemerkte sofort ihr Bedauern: Eigentlich hätte sie sich gewünscht, dass er zu seinem Wunsch stehen und sagen würde: »Du, das verschieben wir auf morgen, komm, lass uns das heute Abend fortsetzen, das war so schön!« Wenn sie erlebt hätte, dass er auf seinem Wunsch besteht, auch gegen andere gemeinsame Vereinbarungen, hätte sie nicht nur ihn als starken Mann erlebt, der zu seinen Wünschen steht, sondern gerade deshalb auch sich selbst als attraktive Frau, die ihn dazu bringt, sachliche Pläne auch mal über den Haufen zu werfen.

Eine etwas andere Variante des Themas Abgrenzung innerhalb der Beziehung wurde uns an Ulrich und Verena deutlich:

Auch bei diesem Paar war der Mann ein »Rechtmacher«, der ebenfalls gerade deshalb seiner Frau mehr und mehr auf die Nerven ging: Wenn er vom Beruf nach Hause kam, musste sie nur eine Andeutung machen, schon stürzte er sich darauf: Hausaufgaben-Kontrolle bei den Kindern, den Rasen mähen, das Auto der Frau reparieren … Die Kritik der Frau: »Du machst zwar bereitwillig alles, was ich von dir will, und das finde ich einerseits schön, aber ich spüre dabei dich als Mann, als Gegenüber nicht mehr, du bist nur noch eine Funktion!« Diese Kritik ärgerte den doch so gutwilligen Ulrich, und darum traf er eine neue Entscheidung: »Also, dann frage ich halt gar nicht mehr, was sie will und braucht. Wenn ich heim-

komme, mache ich das und nur das, was ich selber sehe, was zu machen ist und ich mache es nur noch so, wie ich es machen will!« Diese Entscheidung hatte zur Folge, dass Ulrich zwar immer noch vieles sehr engagiert im Haus anpackte und deshalb weiter auch eine große Stütze der Familie war – aber er machte es nun vollständig ohne Kontakt zu ihr, ohne Absprache und ohne Abstimmung. Verena bekam immer mehr das Gefühl, zu Hause wie von ihm getrennt zu leben.
Die Aufgaben wurden zwar alle mustergültig erledigt, aber die beiden lebten auf der Beziehungsebene wie ein getrenntes Paar. Ulrich war hier von einem Extrem ins andere gekippt: Bezogen-Sein war zunächst für ihn vollkommenes »Aufgehen« im Willen von Verena. Als sie das kritisierte, weil sie ihn als Gegenüber nicht mehr spürte, begann er, Eigenständigkeit nur noch nach eigenem Willen und eigener Vorstellung zu leben, zwar auch für die gemeinsamen Anliegen der Familie, aber nun ohne jeden Kontakt zu ihr. Die Grenze, die er hier zwischen sich und Verena zog, wurde starr und undurchlässig.

Abgrenzung und Streit

Im Zusammenhang mit unserem Autonomie-Bindung-Thema möchten wir hier außerdem noch auf eine wichtige Frage eingehen: Ist es zur Abgrenzung im Interesse der individuellen Autonomie nötig, *dass Paare »streiten lernen«*? Manchmal wird – auch von Fachleuten – der Eindruck vermittelt, dass es zu einer guten und lebendigen Beziehung gehört, dass Paare ab und zu auch heftig streiten. Wenn es manchmal sogar heißt, dass Streit die Würze einer Beziehung sei, so setzen wir dahinter ein kräftiges Fragezeichen. Streit gehört nur in dem Sinn in eine gute Beziehung, dass man manchmal auch darum ringen muss, das richtige Verhältnis von »Ich« und »Wir«, von Autonomie und Bindung, herzustellen, wenn die Partner hier gerade unterschiedliche Bedürfnisse haben.

Dabei ist es sogar eine sehr erstrebenswerte Kunst in einer liebevollen Paarbeziehung, dass die Partner lernen, ihre individuellen Interessen so zu vertreten, dass es ohne – jedenfalls ohne verletzenden – Streit abgeht, indem aufeinander Rücksicht genommen wird, indem man sich aufeinander abstimmt, indem man auch manchmal zu Kompromissen bereit ist. So nähert sich das Paar einer immer reiferen Form an, sowohl die Bedürfnisse der individuellen Autonomie wie die der Paar-bezogenen Bindung miteinander in Einklang zu bringen. Die Einheit des Paares kann also nur dann lebendig bleiben, wenn beide sich darum bemühen, dass es *eine Einheit aus zwei verschiedenen und unterschiedlichen Menschen ist,* die diese Unterschiedlichkeit pflegen und ständig weiter entwickeln.

Zugestandene Autonomie

Diesem Anliegen können Partner auch dadurch gerecht werden – und dadurch unnötige Konflikte und unfruchtbaren Streit vermeiden –, wenn jeder der beiden bereit ist, dem anderen immer wieder von sich aus »Autonomie zuzugestehen«. Es geht dabei um »Freiräume in der Beziehung« (Schneewind 2010), die man miteinander bespricht und gegenseitig fördert. Jeder der beiden Partner macht es sich zur Aufgabe, auf diese Weise den anderen bei der Verwirklichung seiner persönlichen Ziele zu unterstützen.

Es klingt paradox, ist aber unmittelbar nachvollziehbar: Gerade dadurch, dass auf diese Weise wechselseitig die individuellen Grenzziehungen, die eigenen Wege vom anderen gefördert werden, entsteht zwischen den beiden ein tieferer Zusammenhalt, ein innigeres »Eins-Werden«, weil jeder vom anderen erfährt, wie sehr diesem an seinem Wohlergehen gelegen ist. Unter Partnern »zugestandene Autonomie« wird sich in jedem weiteren Lebensabschnitt als sehr wichtig erweisen, und was es jeweils heißt, wird sich in veränderter Lebenssituation auch immer wieder anders darstellen und andere Maßnahmen erfordern. Wir werden darauf zurückkommen.

Die Zweierbeziehung und »der-die-das Dritte«

Die Grenzen des Paares nach außen und die individuellen Grenzen innerhalb der Partnerschaft haben uns im Prozess der Paar-Werdung bisher beschäftigt. Das Thema Grenzen und Abgrenzung wird aber noch wesentlich komplexer, wenn wir den weiteren Weg des Paares betrachten. Denn von dem Moment an, da die beiden sich für ein gemeinsames Leben auch im Alltag entschieden haben, beginnt Drittes in ihrer Zweisamkeit in vielfältiger Weise immer wieder eine Rolle zu spielen. Die gemeinsame Wohnung, die man suchen und für die man sich entscheiden will, die Einrichtung, auf die man sich einigen muss, der Tagesablauf, den es zu koordinieren gilt, der Beruf eines jeden der beiden, der auch für den jeweiligen anderen nun eine große Bedeutung im Alltag des Zusammenlebens bekommt, weil er diesen in vielfältigster Weise tangiert usw.

Auch Menschen als »Dritte« werden in unterschiedlicher Weise bedeutsam, Menschen zum Beispiel, die sich beide schon in der Zeit vor ihrer Beziehung kannten und mit denen sie immer noch vertraut sind, die Freunde, Freundinnen, die Eltern, Geschwister, nähere und fernere Verwandte: Sie beginnen in der Zweiheit des Paares als »Dritte« notwendigerweise eine Rolle zu spielen. Es geht dabei nicht mehr nur um »Du und ich – und sonst nichts«.

Die Kunst besteht für das Paar darin, herauszufinden, *welche Rolle das jeweilige Dritte spielen kann und soll.* Dabei geht es wieder um Grenzen: Wie wichtig ist es, für dieses »Dritte« die Grenzen der Beziehung zu öffnen und es hineinzunehmen, weil die Partner das für ihr Leben brauchen oder es jedenfalls dafür schön und nützlich ist? Wie wichtig ist es aber auch, Grenzen zu ziehen, damit »der-die-das Dritte« keine zu große Rolle einnimmt und die Zweiheit dadurch zu stören beginnt, beispielsweise dadurch, dass dieses Dritte für einen der Partner so wichtig wird, dass sich der andere dadurch ausgeschlossen fühlt? In anderen Worten: Es geht einerseits um *Klarheit und Eindeutigkeit der Grenzen*, es geht aber andererseits auch darum, diese *Grenzen flexibel und durchlässig* zu gestalten und zu vermeiden, dass sie starr und undurchlässig werden. Starre, undurchlässige Grenzen isolieren das Paar von der Außenwelt. Unklare, verwischte Grenzen hingegen gefährden den Zusammenhalt des Paares. »Grenzen setzen für die Liebe« bedeutet also hier vor allem die Kunst, mit dem vielfältigen unvermeidlichen, teils erwünschten, teils notwendigen, vielleicht auch gefährlichen »Dritten« in klarer und gleichzeitig flexibler Weise umzugehen. Im Folgenden möchten wir das an drei Beispielen erläutern.

Als Caroline und Christian heirateten, gehörte Christian einem kleinen Männerchor an, zu dessen Mitgliedern er auch sehr persönliche Kontakte pflegte. Vor allem seit er und Caroline einen gemeinsamen Haushalt führten, liebte er es, seine Sangeskollegen zu bestimmten Anlässen nach Hause zum Essen einzuladen. Caroline war zunächst sehr damit einverstanden, sie war ja ein begeisterter Fan dieses Chores, und merkte längere Zeit nicht, dass sich allmählich eine Schieflage einstellte. Christian unterhielt sich prächtig mit seinen Freunden, die ganze Arbeit mit der Gestaltung des äußeren Rahmens und das Essensmanagement aber wanderten von Mal zu Mal mehr zu ihr. Während Christian das Ganze immer noch als »gemeinsame Sache« erlebte, fühlte Caroline sich mehr und mehr ausgeschlossen, ja mehr noch, zur Magd degradiert.

Eines Tages hatte sie davon genug: »Mach du das mit deinen Freunden doch allein! Ich besuche an diesem Abend meine Freundin!« Das aber kränkte wiederum Christian, denn für ihn war es sehr wichtig, zu seinem Chor diesen privaten Kontakt zu pflegen und Caroline dabeizuhaben. Worum es hier ging, war eine Korrektur der Grenzen, so wie sie sich in letzter Zeit eingespielt hatten: Im Erleben Carolines bildeten Christian und sein Chor eine Einheit, und sie war ausgegrenzt. Das schmerzte sie, weil sie diese Leute eigentlich auch sehr mochte und gerne mit dabei gewesen war. Darum war ihre Idee, sich selbst auszugrenzen, keine gute Lösung für die beiden. Die bessere Alternative, die sie fanden, war, dass Christian sich entschloss, nicht nur seinen Teil für die Vorbereitung des Abends und der anfallenden Nacharbeit zu übernehmen, sondern auch, sich die Bewirtungsaufgaben am Abend selbst mit Caroline in etwa gleichem Ausmaß zu teilen. Dies gab auch ihr wieder das Gefühl, dass sie beide *den Chor ihres Mannes zu Gast hatten. Indem Christian seine Rolle veränderte, sich nicht mehr wie die übrigen Gäste von Caroline bedienen ließ, sondern nun selber ganz konkret mit ihr zusammen Gastgeber wurde, war er an diesem Abend nicht mehr bloß »einer von ihnen«, grenzte sich also einerseits dem Chor gegenüber in gewisser Weise ab, und gleichzeitig zog er damit eine deutliche Grenze um ihrer beider Paarbeziehung. Mit dieser Abgrenzung wurde es aber andererseits gerade möglich, die »Dritten«, die Chorgenossen von Christian, an diesem Abend auf eine für beide bereichernde Weise in ihre Zweierbeziehung mit hineinzunehmen.*

An diesem Beispiel zeigt sich ein sehr wichtiger Aspekt unseres Themas: Die klare Abgrenzung als Paar (indem sich Christian gleichsam als Gastgeber »neben« Caroline stellte) muss keineswegs »Ausgrenzung« Dritter heißen, sie kann vielmehr eine wichtige Voraussetzung dafür sein, dass »der-die-das Dritte« eine erfreuliche Bereicherung der Zweierbeziehung wird, anstatt sie in Frage zu stellen und zu gefährden.

Das zweite Beispiel:

Als Felix seine Auserwählte Dora seinen Eltern vorstellte, waren sie von der jungen Frau begeistert. Sie fanden sie sympathisch, sehr kompetent und zupackend, dabei voll warmherziger Ausstrahlung – mit einem Wort, die ideale Partnerin für ihren Sohn. Felix war dem Vater immer als arg zurückhaltend erschienen, weshalb er ihn oft kritisierte, zumal er seinen Betrieb in absehbarer Zeit übernehmen sollte. Dass seine Dora bei den Eltern so gut ankam, freute Felix natürlich und er betrachtete dies als ein gutes Omen für die nun bald beginnende Ehe.

Das Hochzeitsgeschenk des Vaters war eine komplett eingerichtete Wohnung für die beiden, nahe am elterlichen Betrieb. Er hatte das seinem Sohn bereits angekündigt, und dieser wollte – zusammen mit dem Vater – Dora am Tag der Hochzeit damit überraschen. Die Überraschung gelang auch, allerdings – das konnte sie Felix erst im Rahmen der Paartherapie deutlich machen – hatte sie emotional eine ganz andere Färbung als die von Mann und Schwiegervater erwartete: Die junge Frau war durch das Geschenk zutiefst irritiert, ja verärgert. Sie hatte das Gefühl, dass »die Männer« einfach über

sie und über ihren Kopf hinweg das weitere Leben bestimmten, ohne auch nur daran zu denken, dass so etwas vorher mit ihr hätte abgesprochen und in den Einzelheiten abgestimmt werden müssen.
Für sie zeigte sich hier zum ersten Mal, was sich dann im Laufe der Ehe oft wiederholte und zum Grundproblem ihres Zusammenlebens wurde: Felix war ihr kein eigenständiges Gegenüber, er war komplett vom Vater dominiert. Der Vater bestimmte die Lebensstationen der beiden, und Felix ließ das zu. So gelang es ihm lange Zeit (bis es ihm dann in der Therapie bewusst wurde) nicht, seinem Vater gegenüber eine klare Grenze um sich und Dora als Paar zu ziehen. Das hätte für Felix nicht bedeuten müssen, einen Bruch mit dem Vater herbeizuführen und damit eine starre, undurchlässige Grenze zwischen sich und seiner Familie zu errichten. Als Nachfolger im Betrieb des Vaters wäre dies ja gar nicht möglich oder sehr konfliktträchtig gewesen. Aber Felix verband mit der Vorstellung des Nachfolgens offensichtlich zu wenig Eigenständigkeit und zu viel Anpassung. Dadurch aber gefährdete er die Möglichkeit, dass in der Partnerschaft mit seiner Frau etwas Neues und Eigenständiges entstehen konnte.

»Abgrenzung für die Liebe« hätte hier bedeutet, schon gleich am Anfang, als der Vater die Idee mit dem Wohnungsgeschenk hatte, zu sagen: »Sehr großzügig von dir, vielen Dank! Aber ich muss das erst mit Dora besprechen, wie sie das sieht und ob sie damit auch einverstanden ist.«

Das dritte Beispiel möchten wir hier aus einer Beobachtung einbringen, die wir miteinander im letzten Urlaub gemacht haben und die uns für einen typischen Trend zu stehen scheint, der gerade in den letzten Jahren leider immer mehr zunimmt und für den das »Grenzen-Setzen für die Liebe« uns in höchstem Maße aktuell ist:

Wir saßen beim Abendessen auf der Terrasse unseres Hotels, neben uns am Tisch ein Paar. Sie aßen und plauderten. Plötzlich – ein Handyklingeln. Der Mann fingerte den Apparat aus seiner Tasche und begann ein Gespräch mit dem Anrufer. Und das Gespräch dauerte. Die beiden aßen zwar weiter, aber der Mann war »eigentlich« ganz wo anders. Die Frau war offensichtlich unzufrieden wegen der Störung, aber sie schien keine Möglichkeit zu sehen, an der Situation etwas zu ändern. Von der Zweisamkeit des Anfangs war nichts mehr zu spüren. Der Mann war über das Handy mit einem/einer Dritten verbunden, die Frau war »draußen«.

Diese Szene zeigt etwas Typisches: Durch die Möglichkeiten heutiger Kommunikationstechnologie, durch Handy, Laptop, Smartphone usw., ist Drittes in der Zweierbeziehung fast allgegenwärtig. Offensichtlich unterschätzen viele Paare, welches Störungspotential darin enthalten ist. Wenn das Handy klingelt, ist es für viele, als hätte das unbedingten Vorrang. Das private Gespräch, das gerade läuft – und sei es auch noch so intensiv und wichtig – wird sofort unterbrochen und man ist allein für den Anrufer da.

Grenzen setzen für die Liebe würde hier heißen: Das Gerät abschalten oder läuten lassen, zumindest aber das Einverständnis des Partners einholen, bevor man sich auf einen Kontakt ›nach außen‹ einlässt. Es würde überhaupt heißen, die eigene Erreichbarkeit, die von den technischen Möglichkeiten her fast total geworden ist, immer wieder klar zu begrenzen. Gesicherte Zeiten zu haben, in denen wir nicht erreichbar sind, ist sowohl zentral für die eigene Regeneration wie auch für unser Beziehungsleben. Dies verlangt ein klares Management und klare Entscheidungen: Wann will oder muss ich erreichbar sein, und das weiß dann auch mein Partner, meine Partnerin, und wann werde ich nicht erreichbar sein, und auch das weiß mein Partner, meine Partnerin – und kann sich darauf verlassen.

Damit senden wir dem Partner eine sehr wichtige Botschaft: »Du kannst dich darauf verlassen – ich bin da!« Und das heißt auch: »Du bist mir wichtig!« Und: »Wir gehören zusammen!« Die heutigen Informationsmöglichkeiten öffnen unser gemeinsames Leben fast für die ganze Welt. Das kann ein großer Gewinn sein und eine große Bereicherung bedeuten, allerdings nur dann, wenn wir gemeinsam bestimmen, was wir wollen und was nicht. Die Gefahr besteht, dass einer der Partner oder beide sich in einen Sog hineinziehen lassen, der sie als Paar immer weiter auseinander bringt und die Beziehung schließlich sogar zerstören kann, wenn noch anderes »Entzweiendes« hinzukommt.

Das Fazit dieses ersten Kapitels lautet: *Klare Grenzen nach außen ermöglichen es den Partnern, in Liebe »eins« zu werden und diese Liebe nach außen zu schützen, wo es nötig ist.* Doch diese Grenzen dürfen von Anfang an nicht starr und unflexibel werden, dies würde zu einer erstickenden Enge und unlebendigen Erstarrung führen. Vielmehr besteht die Kunst darin, die Grenzen durchlässig und flexibel zu gestalten, so dass einerseits immer wieder Drittes hereingenommen werden kann, um das Leben und die Liebe des Paares anzuregen und zu bereichern, andererseits aber die klare »Zweiheit« des Paares im Erleben beider Partner nicht verlorengeht.

3. Kapitel

Vom Paar zur Familie – Eltern werden und Grenzen öffnen

Die Situation des Paares ändert sich von Grund auf, wenn sich die Partner entschließen, miteinander Kinder zu haben und dieses Vorhaben verwirklichen (Jellouschek-Otto 2012). Was für diese neue Lebensphase »Grenzen der Liebe« bedeuten, darum geht es nun in diesem Kapitel.

Von der »Dyade« zur »Triade«

Durch das Kind wird die Zweierbeziehung (»Dyade«) zur »Dreierbeziehung« (»Triade«). Das heißt: Durch das gemeinsame Kind wird die Beziehung der Partner zueinander mehr bestimmt und verändert als durch jeden oder jedes andere Dritte, mit dem es das Paar zu tun bekommt. Das Paar öffnet seine Grenze und erweitert sie auf ein Drittes hin, auf das gemeinsame Kind. Dabei ist es keineswegs eine leichte Aufgabe, dieses Dreieck in die richtige Balance zu bringen und die Grenzen, um die es hier geht, wieder auf gute und konstruktive Weise zu setzen, und das heißt wieder: im Sinn klarer und durchlässiger Grenzen, im Unterschied zu starren oder verschwommenen Grenzen.

Für die richtige Balance des Dreiecks Vater-Mutter-Kind ist es eine gute Voraussetzung, wenn der Entstehung des Kindes *ein gemeinsamer Entschluss* der Partner vorausgeht. Das bedeutet nicht unbedingt, dass der Wunsch beider Partner von Anfang an gleich stark sein muss. Es kann durchaus auch sein, dass der Anstoß dazu von einem der beiden ausgeht, ja der andere sich vielleicht nur mühsam zu einem Einverständnis durchringen kann, weil er sich das Vater- oder Muttersein noch nicht vorstellen kann oder noch nicht recht zutraut. Es sollte aber schließlich *ein gemeinsames Ja zum Kind* entstehen, denn sonst besteht die Gefahr, dass hier vor allem jene Männer, die nicht wirklich mit dem Vater-Werden einverstanden waren, die Weichen dafür stellen, dass durch das Dazukommen des Kindes ein »schiefes«, quasi ungleichseitiges Dreieck entsteht, in dem der Abstand zwischen Mutter und Kind viel kürzer ist als die Abstände der beiden zu ihm, dem Vater.

Diese Gefahr ist durch das weitere Geschehen im Werden der Familie ohnehin gegeben, und zwar vor allem dadurch, dass die Frau vom Augenblick der Empfängnis an sehr viel unmittelbarer mit dem neuen Leben, das ja in ihrem Körper entsteht und präsent ist, in Verbindung steht. Die äußerlichen Veränderungen ihres Körpers, die hormonellen Einflüsse und bald auch die Bewegungen des Kindes erlebt sie unmittelbar. Ihr Partner kann das nur von außen beobachten oder durch Informationen zur Kenntnis nehmen.

Dies ist auch der Grund, warum in der Schwangerschaft – und noch viel mehr nach der Geburt – die Beziehung der werdenden Mutter zu anderen Frauen, vor allem zur eigenen Mutter, zeitweise eine größere Bedeutung zu bekommen scheint als die zum »werdenden Vater«, ihrem Mann. In der Mutterschaft erfahrene Frauen wissen, wie sich das Schwanger-Sein anfühlt und was man tun kann, um diese Zeit für sich und das heranreifende Kind gut zu gestalten. Die verstärkte Anbindung an ›wissende‹ Frauen ist einerseits ganz natürlich, erhöht aber andererseits die *Gefahr für den Mann,*

»nach außen« zu geraten. Darum ist alles zu unterstützen, was dazu beiträgt, auch in dieser Phase, *den werdenden Vater ganz bewusst »ins Dreieck mit hineinzunehmen«*: Durch gemeinsame Teilnahme an Geburtsvorbereitungskursen, durch Nachfragen des Mannes nach dem, was die Frau erlebt und braucht, und durch die Bereitschaft der Frau, darüber Auskunft zu geben, und auch durch ihre Bereitschaft und ihren Mut, den Mann als Unterstützer in Anspruch zu nehmen, wo sie das braucht.

In Zeiten allgemein zugänglicher wissenschaftlicher Erkenntnisse durch Internet-Recherche – kombiniert mit dem heutigen Universalanspruch der Gesellschaft an Schwangere, ja alles richtig zu machen, nichts zu versäumen, was das Kind schon im Mutterleib fördern könnte, ist es naheliegend, dass viele Frauen verunsichert reagieren. Fruchtwasseruntersuchung, Wunschkaiserschnitt, Belastungen in der frühen oder auch späten Schwangerschaft: All diese Fragen und Themen werden jetzt aktuell. Die Schwangeren holen sich diese und jene Meinung ein und noch weitere dazu, die sich jedoch nicht selten widersprechen. Hier fängt ein Prozess an, der das werdende Elternpaar zukünftig begleiten wird: Die immer wieder auftauchende Notwendigkeit, Grenzziehungen nach außen vorzunehmen dadurch, dass *die beiden werdenden Eltern sich als Paar eine eigene Meinung bilden*, einen eigenen Weg gehen – mit dem Risiko, an dieser oder jener Stelle auch mal Fehlentscheidungen zu treffen.

Hat die Schwangere die Möglichkeit, ihre Sorgen und anstehenden Entscheidungen mit ihrem Partner zu besprechen – und zwar auf eine Weise, dass jede noch so abwegig erscheinende Idee erst mal gelten darf und in einen gemeinsamen Entscheidungsprozess einfließt –, dann entsteht Vertrauen und Zuversicht in den gemeinsamen Austausch der Partner über Familien-Themen. Hier ist es sogar von Vorteil, dass die

Männer einen etwas distanzierteren Blick darauf haben. Sie können eine Art Gegengewicht bilden, indem sie sich nicht in den Strudel der Verunsicherungen mit hineinziehen lassen und andererseits auch *ihre* Intuition, *ihr* Bauchgefühl beisteuern. Wenn auf diese Weise möglichst viele Entscheidungen gemeinsam getroffen werden, heißt das in der Konsequenz auch: Sollte sich hinterher vielleicht herausstellen, dass es nicht genau die richtige war: Wir – das Paar – tragen die Folgen dieser Entscheidung gemeinsam!

Fantasien von der Zukunft zu dritt

Als hilfreich für den frühen Einbezug des Mannes als Vater ins familiäre Dreieck stellt sich immer wieder auch heraus, dass das Paar darauf achtet, *über ihre Zukunft »zu dritt« zu sprechen*, gewissermaßen die Zukunft vorwegzunehmen (Von Klitzing, 1996). Paula erzählt:

> *»Wenn wir am Abend auf dem Sofa abhängen und uns mit dem Baby in meinem Bauch unterhalten, erzählen wir ihm, wie es sein wird nach der Geburt. Meine Lieblingsfantasie: Ich stille das Baby im Bett und Bernhard kuschelt sich an meinen Rücken und küsst mein Ohrläppchen.« Bernhard fügt hinzu: »Und ich stelle mir vor und erzähle Paula, wie ich das Baby durch den Wald trage, ihm die Vögel und die Sonnenstrahlen zeige – und Paula freut sich und lacht über meine Fantasien.«*

Natürlich kann es auch ganz anders kommen als gedacht, trotzdem ebnen Paare ihren gemeinsamen Weg als Familie in die Zukunft, wenn sie in dieser Weise ihre Vorstellungen und Fantasien darüber austauschen. Außerdem ist es ja von größter Bedeutung, dass das Paar immer wieder diskutiert und miteinander sehr konkret abwägt, in welcher Weise man sich in Zukunft die unterschiedlichen Aufgaben aufteilen will, die das berufliche und das familiäre Engagement der beiden mit sich bringen wird.

Körperkontakt

Damit der Übergang von der Dyade zur Triade gelingt, ist noch ein weiterer Punkt sehr wichtig: Dass *beide Partner ihren körperlichen Kontakt weiter pflegen*, auch dann noch, wenn in einer späten Phase der Schwangerschaft das sexuelle Bedürfnis nicht mehr so im Vordergrund steht oder sogar vorübergehend ganz verschwindet. Durch diesen innigen, auch körperlichen Kontakt zueinander wird gewährleistet, dass der – rein körperlich weniger beteiligte – Mann im Prozess der »Drei-Werdung« sehr konkret und auch für ihn erfahrbar einbezogen bleibt.

Es kann sein, dass manche Männer in dieser Phase mit *Distanz-, ja sogar Ekel-Gefühlen* dem veränderten Körper ihrer Frauen gegenüber reagieren. Möglicherweise äußern sich darin sogenannte »Mutter-Übertragungen«, das heißt: Die körperlichen Veränderungen der Frau, die ja mit »Mutter« zu tun haben, erwecken im Mann Distanzierungsgefühle wie diejenigen, die er als Kind empfand, um sich von seiner Mutter zu lösen. Vor allem wenn es ihm damals nicht gut gelungen ist, diesen Ablösungstendenzen zu folgen und der Ablöseprozess so eine »unabgeschlossene Angelegenheit« geblieben ist, leben diese Gefühle seiner schwangeren Frau gegenüber wieder auf.

Für Männer, die Derartiges empfinden, ist es wichtig, dass sie sich solcher Zusammenhänge bewusst werden, und dass sie sich von Anflügen solcher Gefühle nicht daran hindern lassen, den körperlichen Kontakt zu ihrer Frau dennoch zu pflegen. Das Tun selbst überwindet oft die Hemmungen und ermöglicht es, den Kontakt zum mütterlich-üppiger werdenden Körper ihrer Partnerin auf eine spezifische Weise lustvoll zu erleben.

In dieser Phase ist also wichtig, dass die Partner in der beschriebenen Weise darauf achten, einerseits die Grenze um ihre Paarbeziehung zu erhalten und sie andererseits gleichzeitig für das entstehende Dritte, das Kind, zu öffnen: Durch Unterstützung einfordern und Unterstützung geben, durch gegenseitige Information über das eigene Erleben und Nachfragen nach dem Erleben des anderen, und durch Pflege einer innigen, auch körperlichen Beziehung zwischen der Schwangeren und ihrem Mann.

Auch die heute immer üblicher werdende Praxis, dass der Mann bei der Geburt selbst anwesend ist, geht in diese Richtung: Es drückt sich darin aus, dass er von Anfang an als Vater mit in das entstehende Dreieck gehört und hier eine gleich wichtige und gleichwertige Funktion hat.

Neue Gemeinsamkeit entwickeln

Die Situation des »familiären Dreiecks« ändert sich natürlich in vielfältiger Weise, wenn das Kind dann tatsächlich auf der Welt ist. Allerdings besteht auch dann noch eine »natürliche Schieflage«, denn die Brust kann nur die Mutter dem Kind geben, ihr Herzschlag, ihr Geruch ist dem Kind vertraut, sie ist die erste Bezugsperson. Insofern steht der Vater auch jetzt noch »weiter draußen«, und dadurch entsteht immer wieder die Gefahr, dass er sich ausgegrenzt fühlt und auch sich selber aus der »Dyade Mutter – Kind« ausgrenzt.

Der Mann kann dieser Gefahr auf zweierlei Weise begegnen: Einmal kann er sich selber in dieser Phase, in der seine Frau schon rein körperlich in außerordentlichem Maße beansprucht ist, in einer Art *elterlicher Funktion für beide, für Kind und Mutter* sehen und diese innige Zweiheit, wo es geht oder nötig ist, »väterlich-mütterlich« betreuen und versorgen. Aus früheren Jahrhunderten kennen wir Bilder und Skulpturen, die den Namen »Hl. Anna Selbdritt« tragen. Darauf sieht man die heilige Mutter Anna, wie sie ihre Tochter Maria auf dem Schoß hält, die ihrerseits das Jesuskind in den Armen trägt.

Hier zeigt sich in berührender Weise, wie in früheren Zeiten, und häufig ja auch noch in der heutigen Zeit, die Mutter der jungen Mutter in der ersten Zeit nach der Geburt eine fürsorglich-elterliche Position für beide, für ihre Tochter und deren Baby, übernommen hat. Heutzutage sollte auch der junge Vater diese Rolle übernehmen. Einmal, weil er damit gleich von Anfang an eine wichtige Rolle im Dreieck spielt und zum anderen, weil der frühere Einbezug der Großmutter des Kindes häufig nicht mehr in der gleichen selbstverständlichen Weise möglich ist wie dies früher der Fall war. Oft ist diese entweder noch anderweitig beschäftigt oder lebt zu weit entfernt.

Dafür sollte der Vater sich in der ersten Zeit nach der Geburt auch *beruflich den nötigen Freiraum verschaffen.* Dies ist sicher manchmal leichter gesagt als getan, denn zweifellos wird heutigen jungen Vätern im Beruf oft sehr wenig Verständnis für dieses Anliegen entgegengebracht. Andererseits erleben wir immer wieder, dass entsprechende Abgrenzungen im Beruf durchaus auch akzeptiert werden, wenn sie genügend klar und entschieden geäußert werden.

Zum anderen sollte er darauf achten, *von Anfang an direkten Kontakt zum Baby* zu bekommen: Indem er es auf den Arm nimmt, herumträgt, seinen Geruch wahrnimmt, seine

Körperwärme spürt usw. Auf diese Weise holt er gewissermaßen nach, was zwischen der Mutter und dem Baby körperlich von vornherein schon gegeben ist.

Durch diese Pflege des direkten Kontakts zum Neugeborenen wird die Position des Mannes im Dreieck gleichwertiger und er entlastet gleichzeitig seine Frau: »Unser Sohn schläft in den Armen seines Vaters genauso selig ein wie in meinen. Trost sucht und findet er bei mir ebenso wie bei seinem Vater … Und wenn ich sehe, wie Vater und Sohn Arm in Arm eingeschlafen sind, decke ich sie zu und weiß, dass mein Sohn ein ungeheuerlich privilegierter Junge und mein Mann ein ungeheuerlich privilegierter Vater ist«, schreibt I. v. Kürthy in ihrem originellen Bericht über die Kleinkind-Zeit in ihrer Familie (2012, S. 216).

Freilich, so muss man einschränkend hinzufügen, erleben das nicht alle Frauen so positiv. Viele tun sich schwer damit, dem Mann das Kind, das ihr schon so ans Herz gewachsen ist, so ganz anzuvertrauen. »Trägt er es auch richtig? Stützt er das Köpfchen immer? Zieht er es warm genug an? Nein, in dieser Haltung wird es nie und nimmer einschlafen!« So und ähnlich treibt es die Mutter um, denn auch ihr Wissen um die Bedürfnisse des Babys ist noch fragil und unvollkommen. Sie möchte das Baby ›lernen‹ und das Baby soll *ihr* vertrauen und auf *sie* vertraut reagieren. Da kann der Vater mit seinem Engagement auch wie ein Störfaktor auf sie wirken.

Gegenseitiges Verständnis, aber auch klare Abgrenzung helfen hier weiter. *Jeder der beiden Elternteile darf seinen Stil mit dem Baby finden*, darf sich auch mal *nicht* ›dreinreden‹ lassen. Das stärkt die autonomen Bedürfnisse übrigens nicht nur der Eltern, sondern auch des Kindes, das nicht in Gefahr kommt, durch eine einseitige Symbiose mit der Mutter in seiner Entwicklung hängen zu bleiben.

Die Ausweitung der Grenzen um das Paar-System zur

»Triade« des Familien-Systems geschieht also vor allem dadurch, dass einerseits der Mann von Anfang an seine Position als Vater einnimmt und andererseits, dass beide Partner ihre »Dyade« miteinander betonen, indem sie sich *im Hinblick auf das Kind in besonderer Weise als Eltern unterstützen.* Damit grenzen sie sich gleichzeitig auch ab von zu starker Einflussnahme oder sogar von Übergriffen von außen, zum Beispiel von Seiten anderer Familienmitglieder, die – wenn vielleicht auch gut gemeint – das entstehende Gleichgewicht des neuen Familien-Systems in dieser Phase empfindlichen stören können.

Für die beiden Eltern entsteht damit etwas, das sie in dieser neuen und stressreichen Situation sehr nötig brauchen: Sie schaffen sich so *»einen Hafen, in dem sie einander emotionale Unterstützung gewähren können«*, wie sich S. Minuchin, einer der Väter der Systemischen Familientherapie, in diesem Zusammenhang ausdrückt (1978, S. 77). Gerade in dieser Phase »brauchen (sie) einander als Refugium vor den vielfältigen Anforderungen des Lebens« (ebd.). Dazu gehört natürlich auch das gemeinsame Gespräch über das kleine Kind, der Austausch ihrer Beobachtungen und das Teilen der gemeinsamen Freude an den Lebensäußerungen des kleinen Erdenbürgers.

»Eltern-System« und »Paar-System«

Was wir bisher gesagt haben, betrifft Mann und Frau vor allem als werdende oder gerade gewordene Eltern. Dass auf diesem Weg im Gesamtsystem der neuen Familie ein *starkes »Subsystem Eltern«* entsteht, dass »gleichwertige Elternschaft« zwischen Frau und Mann gelingt, ist ja von ungeheurer, auch gesellschaftlicher Bedeutung. Viele Kinder, auch in jüngster Vergangenheit, sind ja quasi als vaterlose Kinder aufgewachsen, und zwar in der Mehrzahl nicht, weil die Väter sich von den Müttern getrennt hätten oder wie in früheren Jahrzehnten im Krieg geblieben wären, sondern sehr oft deshalb, weil sie als Väter in der Familie nicht präsent waren und sich beispielsweise von ihren Berufen völlig auffressen ließen.

In der heutigen Familienforschung (vgl. Fthenakis 1985 u. 1988 und Fivaz-Depeursinge 2001) wird immer deutlicher erkannt, dass die *gleichwertige Präsenz von Mutter und Vater für die Kinder und deren gesundes Aufwachsen von größter Bedeutung ist.* Um eine gefestigte Geschlechtsidentität zu entwickeln, brauchen diese sowohl die konkrete Erfahrung des gleichgeschlechtlichen Gegenübers wie auch die des gegengeschlechtlichen – durch den liebevollen Kontakt zu Vater *und* Mutter. Vor allem im gleichgeschlechtlichen Kontakt erfährt das Kind sich selbst in seinem Eigen-Sein, und darum hat die Nicht-Präsenz der Väter vor allem für die Jungen verheerende Folgen, zumal sie es häufig auch später, in Kindergarten und Grundschule, fast ausschließlich mit weiblichen Erziehungspersonen zu tun bekommen. Viele Probleme, die Jungen heute haben, angefangen von den schlechteren schulischen Leistungen über größere disziplinäre Probleme bis hin zu Drogen-Anfälligkeit und Kriminalität, scheinen in diesem Fehlen gleichgeschlechtlicher väterlicher Bezugspersonen ihre Wurzeln zu haben.

Dass das Paar es schafft, ein gleichwertiges, liebevolles und eigenständiges Elternpaar zu werden, ist also eine sehr wichtige Aufgabe. Darüber hinaus sollten die Partner aber nicht vergessen, dass sie *auch noch etwas anderes sind außer gemeinsame Eltern, nämlich auch noch ein Paar,* ein Paar, das dadurch entstanden ist, dass sich die beiden als Mann und Frau ineinander verliebten und deshalb ihr Leben miteinander teilen wollten.

Es geht hier somit um eine weitere wichtige Abgrenzung: Nämlich um die von *»Paar-Ebene« und »Eltern-Ebene«*. Vielen jungen Eltern ist heute die gleichwertige Elternschaft beider Partner sehr wichtig, viele junge Männer nehmen ihr Vater-Sein viel ernster als noch die Männer ihrer Väter-Generation. So begrüßenswert und bedeutsam dies ist, es birgt auch eine Gefahr: Dass im gemeinsamen Engagement für das Kind/die Kinder *die Ebene des Paar-Seins, die Ebene der Liebe zwischen Mann und Frau* völlig untergeht.

Diese Gefahr wird noch sehr verstärkt dadurch, dass mit dem Dazukommen des Kindes/der Kinder der Einsatz für die materielle Existenz-Sicherung dringlicher wird und die steigenden beruflichen Anforderungen es immer schwieriger machen, die Balance Familie – Beruf einigermaßen hinzubekommen. Nur allzu leicht leidet darunter die Liebe des Paares, und das Zusammenleben mündet in eine Situation, die von unserer geschätzten Kollegin Rosmarie Welter-Enderlin einmal so charakterisiert wurde: »Die Frau ist verheiratet mit den Kindern, der Mann ist verheiratet mit dem Beruf.«

Um dieser Gefahr zu begegnen, müssen sich die Partner immer wieder deutlich machen: Die Liebe, welche uns beide zusammengeführt hat, bleibt nicht von selbst. *»Eine Paarbeziehung wird von selber schlechter«*, sagt der amerikanische Paarforscher John Gottman (1999). Das heißt: Die Liebe zwischen Mann und Frau muss gepflegt werden, damit sie auf die Dauer nicht im Alltag untergeht. Sicherlich gibt es im Leben des jungen Paares mit einem kleinen Kind oder mehreren kleinen Kindern immer wieder Situationen, in denen die Zweisamkeit der Partner hinter den Erfordernissen der Kinder zurückstehen muss. Die Gefahr ist allerdings sehr groß, dass man sich daran gewöhnt und dass man allmählich die Pflege der Liebe als Paar vergisst. Und: Wenn dieser Prozess einmal eingesetzt hat, wird es immer schwieriger, gegenzusteuern. Denn auch wenn der Mangel von einem oder beiden Partnern bemerkt und die Sehnsucht nach der Partner-Liebe empfunden wird, der Mangel wird immer schwerer ansprechbar. Man befürchtet, mit Vorwürfen und Gefühlen von Enttäuschung beim anderen konfrontiert zu werden und beginnt darum, das Thema zu tabuisieren. Statt Liebe wiederzugeben oder darum zu bitten, verfällt man in Schweigen, oder lädt die eigene Unzufriedenheit in Kritteleien wegen irgendwelcher Unzulänglichkeiten auf dem anderen ab. Ein Prozess, in dem unter Umständen so viele Ascheschichten über die ursprüngliche Glut der Liebe gehäuft werden, dass diese darunter ganz zu ersticken droht.

Klare Grenzen

Von Anfang an sollten beide darauf achten, *dass es immer wieder Zeiten und Räume gibt, die für sie als Paar vorbehalten sind.* In denen sie sich als liebendes Paar abgrenzen, auch vom Kind oder von den Kindern. In denen sie wieder als Paar für sich sind: Für gemeinsame Gespräche, gemeinsame Unternehmungen, für Zärtlichkeit, Körperlichkeit, Sexualität.

Je jünger die Kinder noch sind, desto mehr braucht es dafür natürlich auch »Dritte«, als Unterstützung. Großeltern können hier eine wichtige Bedeutung bekommen, aber auch Babysitter oder andere Kinderbetreuer-/innen können sehr hilfreich sein.

Eine gute, stabile und verantwortliche Elternbeziehung ist nicht das gleiche wie die Paarbeziehung. Die Elternbeziehung ist aus der Paarbeziehung entstanden. Sie kann aber auch, wenn sie zu ausschließlich gesehen wird, leicht zu einer Über-Verantwortlichkeit werden, in der die Paarbeziehung untergeht, zumal in der heutigen Zeit, in der wir von guten Ratschlägen, wie man Kinder richtig erzieht und sie rechtzeitig und wirksam fördert, geradezu überrollt werden. Diese Überverantwortlichkeit kann dann leicht die Energie, die noch für die Pflege der Paarbeziehung gebraucht würde, aufsaugen und dazu beitragen, dass das Paar sich in seiner Beziehung aus den Augen verliert und die Liebe auf dieser Ebene sich abschwächt oder sich überhaupt verabschiedet.

Die Grenze um die Paarbeziehung kann auf diese Weise verwischt werden, und das wiederum öffnet das Tor zu einer gefährlichen Entwicklung, auf die wir im nächsten Kapitel ausführlicher zu sprechen kommen: Dass das Kind oder eines der Kinder in einseitige Bündnisse zu einem Elternteil hineingezogen wird. Hier taucht also zum ersten Mal eine zentrale Aufgabe des Paares auf, die von nun an in allen weiteren Phasen eine wichtige Rolle spielen wird: *Dafür zu sorgen, dass die beiden immer wieder eine klare Grenze um sich als Paar ziehen*, damit die Liebe, aus der ja alles entstanden ist, nicht untergeht, sondern sich vertiefen und reifen kann.

Flexible Grenzen

Aber auch das andere Extrem ist möglich: Dass *zu starre* Paar-Grenzen gezogen werden! Zwar geschieht dies weitaus seltener als die eben geschilderte Fehlentwicklung, aber es kommt doch auch immer wieder vor, und zwar dadurch, *dass Kinder allzu rigiden Regeln ausgesetzt werden*: Schreien lassen, zu früh und zu lange alleine lassen, die Mutter stillt zu früh ab, damit »dem Mann der Busen wieder allein gehört« und dergleichen mehr. Es werden also Regeln aufgestellt, die *kategorisch gelten* und nicht flexibel und achtsam an die Situation angepasst werden.

Dadurch wird es dem Kind schwer gemacht, zu wachsen,

sich altersgemäß zu entwickeln. Es erfährt keine ›Effektanz‹, das heißt: Es macht nicht die Erfahrung, dass es sich lohnt und Erfolg hat, sich für die eigenen Bedürfnisse einzusetzen und die Welt somit veränderbar ist.

Dieses Thema der klaren *und* flexiblen Grenzen ist zweifellos für das Gedeihen der Liebe in Paarbeziehung und Familie sehr zentral. Es wird uns auch in den nächsten Kapiteln immer wieder beschäftigen.

Zugestandene Autonomie

Was für die Zufriedenheit des Paares in dieser Phase ebenfalls sehr förderlich ist, kann wieder mit dem Stichwort »zugestandene Autonomie« charakterisiert werden, was sich allerdings in dieser Phase sehr anders darstellt als in der vorausgehenden, als das Paar noch ohne Kind lebte. Kinder können nämlich sehr dazu beitragen, dass die Paar-Beziehung ihrer Eltern krisenhaft wird. Dies wurde deutlich in einer Studie an 48 jung verheirateten Paaren, die ein Kind erwarteten, und die 5 Jahre lang wissenschaftlich begleitet wurden. Dabei wurde festgestellt, dass schon von Beginn der Schwangerschaft an das Gefühl der jungen Eltern für ihre individuelle Eigenständigkeit nachließ. Diese empfundene Einschränkung ihrer Autonomie wurde bei vielen begleitet von einem merklichen Nachlassen der wechselseitigen Zugewandtheit. Dieses wiederum hatte dann zur Folge, dass Alltagskonflikte von der Art, wie sie in jeder Beziehung vorkommen und gewöhnlich ohne große Probleme lösbar sind, sich bei diesen Paaren immer mehr verhärteten und chronifizierten (Vgl. Graf 2002).

Das Problem beginnt also nach dieser Untersuchung eindeutig mit der durch das Dazukommen des Kindes erlebten Einschränkung der eigenen Autonomie. Darum, so wird von

Johanna Graf in ihrem Fazit nachdrücklich betont, sei »zugestandene Autonomie« in dieser Phase ganz besonders wichtig, das heißt, dass die Partner darauf achten und sich gegenseitig darin fördern, dass *jeder der beiden wenigstens immer wieder ein bisschen »Luft zum Atmen« hat*, indem er auch noch etwas Zeit für sich selber findet.

Konkret heißt das zum Beispiel: »Ich bin heute für den Kleinen da, du hast deinen freien Abend!« Gerade in der »rush hour« der Familie gibt es wenig, das Partner so füreinander einnimmt wie dieser Satz vom anderen. Vor allem dann, wenn die junge Mutter ihn von ihrem Mann hört und an diesem Abend die Freundin treffen, ihren VHS-Kurs besuchen oder andere Dinge unternehmen kann. Aber genauso ist es umgekehrt, wenn die Frau zum Beispiel ihren Mann auffordert: »Geh doch am Wochenende mit deinem Freund in die Berge. Ich komme mit dem Baby auch allein zurecht – oder bitte meine Mutter, dass sie kommt und mir hilft!«

Immer wieder einmal »zugestandene Autonomie«: Für eine stabile Zugewandtheit der beiden als Paar gibt es in dieser Kleinkindphase kaum etwas Wirkungsvolleres, weil sie dadurch voneinander erleben: Dem anderen geht es wirklich um mich, um mein Wohlbefinden in dieser stressigen Situation!

Beide Partner verhindern dadurch außerdem, dass gleich in dieser frühen Zeit eine zu enge Beziehung vor allem zwischen Mutter und Kind entsteht, aus der sich der Dritte, der Mann und Vater dann ausgeschlossen fühlt. Sie sorgen dafür, dass der oder die »Dritte« immer wieder mit einbezogen bleibt, in dem er/sie z.B. an diesem Abend für das Kind präsent ist, während der andere seine Autonomie stärken und sich so wieder für den elterlichen Einsatz fit machen kann.

4. Kapitel

Die Familie mit Heranwachsenden – klare und flexible Grenzen als Herausforderung

Wir wenden uns jetzt der nächsten Phase in der Entwicklung von Paaren und Familien zu, der Phase, die etwa vom Ende des Babyalters bis zum Aus-dem-Haus-Gehen der Kinder reicht. Wenn wir im Folgenden weiterhin von der Triade Vater – Mutter – Kind sprechen, lassen wir dabei zunächst offen, ob unter dem »Dritten« in der familiären Triade ein Einzelkind zu verstehen ist oder ein einzelnes Kind unter mehreren Geschwistern, oder auch die Gesamtheit der Geschwister im Gegenüber zu den Eltern. Diese beiden letztgenannten Möglichkeiten machen schon deutlich, dass in dieser Phase das »Gesamtsystem Familie« komplexer wird. Zum »Subsystem Paar« und »Subsystem Eltern«, die wir bereits im vorausgehenden Kapitel unterschieden haben, kommt nun noch das »Subsystem Geschwister bzw. Kinder«. Damit wird auch das Thema »Grenzen« komplexer: Die Möglichkeiten, dass die Grenzen zwischen diesen Subsystemen verschwimmen oder zu Undurchlässigkeit erstarren, werden zahlreicher. Klare und zugleich flexible Grenzen braucht es nun zwischen allen dreien, damit Wohlbefinden und gute Entwicklung aller einzelnen System-Mitglieder gewährleistet wird.

Ein »verstricktes« Familien-System

Um die Dringlichkeit der Gestaltung von klaren und zugleich flexiblen Grenzen im Familien-System konkret zu machen, bringen wir als erstes das gegenteilige Beispiel eines sogenannten »verstrickten« Systems, in dem diese Aufgabe nicht gelungen ist:

> *Elvira und Hannes sind ein Paar Ende Dreißig, ihre beiden Kinder sind der 13-jährige Jürgen und die 16-jährige Karin. Elvira hatte über das Handy ihres Mannes herausbekommen, dass dieser in eine Affäre mit einer Arbeitskollegin verwickelt war. Sie war verständlicherweise sehr betroffen, ja erzürnt, stellte Hannes zur Rede, aber der drückte sich um eine klare Stellungnahme herum. Dies machte sie so ratlos, dass sie sich nicht anders zu helfen wusste, als ihre Tochter Karin in die Sache einzuweihen, um jemanden zu haben, bei dem sie ihre Bedrängnisse irgendwie loswerden konnte. Karin, die ihrem Vater bisher sehr nahe gestanden hatte, war entsetzt und wurde schrecklich wütend auf ihn. Es kam zu heftigen Auseinandersetzungen zu dritt, und deshalb zog Hannes vorläufig aus der gemeinsamen Wohnung zu einem Freund. Mutter und Tochter blieben bestürzt und wütend zurück. In dieser Situation suchte das Paar eine Therapie auf.*

In dieser Familie war es in mehrfacher Hinsicht nicht gelungen, Grenzen konstruktiv und förderlich zu ziehen. Solche Familien werden wie gesagt in der Systemischen Familientherapie manchmal »verstrickte Familien« genannt, weil die Grenzen verschwimmen und keine angemessene Struktur, keine »Ordnung« mehr vorhanden ist. Es begann in unserem Fall mit der *Verwischung der Grenze des Paar-Systems* durch die geheim gehaltene Außenbeziehung von Hannes, die ihre genaue Entsprechung auf der anderen Seite im Nachspionieren auf dem Handy durch Elvira hatte. Beides bedeutete ein Nicht-Ernst-Nehmen der Person des anderen in ihrer Eigenständigkeit, und damit hatte sich das Paar gleich zu Beginn wechselseitig der Möglichkeit eines klaren Umgangs mit der Krise auf der Paar-Ebene beraubt.

Des Weiteren *verwischte Elvira dann die »Generationen-Grenze« zwischen Eltern-Subsystem und Kinder-Subsystem*, indem sie Karin in den elterlichen Konflikt einweihte. Sie »hob« damit Karin gleichsam auf die Partner-Ebene, indem sie sich mit ihr über den Vater – fast wie über einen ungezogenen Sohn – austauschte und bei ihr Trost suchte wie bei einer Freundin. Hier verschwammen Eltern-Ebene und Kinder-Ebene auf eine ganz destruktive Weise, denn Karin war natürlich von ihrem Vater maßlos enttäuscht, distanzierte sich von ihm und meinte, die Mutter stützen und trösten zu müssen – eine totale Überforderung und eine Aufgabe, die Kindern nicht zugemutet werden darf.

Dies wurde auch von Hannes gefördert, weil er durch sein starres Beharren auf einem illusionären Status quo nach dem Motto »Da ist nichts gewesen, was unsere Beziehung gefährdet« eine konstruktive Auseinandersetzung mit seiner Frau über sein »Fremdgehen« behinderte. Diese Auseinandersetzung wurde zusätzlich noch schwieriger dadurch, dass Hannes nun einer »Front« von Mutter und Tochter gegenüber stand. Die Problematik, die sein Handeln für seine Frau hatte, vermischte sich dadurch in heilloser Weise mit der Problematik, die es für seine Tochter hatte. So *verwischten sich hier Paar-Ebene, Eltern-Ebene und Eltern-Kind-Ebene*, und eine gute Lösung schien in weite Ferne zu rücken.

Was dem Paar in der Therapie als Erstes nahegebracht werden musste, war: Die Außenbeziehung von Hannes betraf in erster und zunächst ausschließlicher Weise Elvira, und damit die Paarbeziehung, und das hieß, dass die Auseinandersetzung damit auf dieser, und nur auf dieser Ebene zwischen den beiden Partnern, erfolgen sollte. Die Tochter musste hier herausgehalten werden, indem ihr die Eltern versicherten, dass sie imstande und entschlossen waren, ihren Konflikt alleine zu lösen. Von da an konnte eine konstruktive Auseinandersetzung beginnen. Denn Hannes stand nun nicht mehr einer Mutter-Tochter-Front gegenüber. So wurde es ihm jetzt eher möglich, den von ihm geschaffenen Tatsachen der Untreue ins Gesicht zu sehen und sich im Dialog mit seiner Frau den gemeinsamen Eheproblemen zuzuwenden.

Dies ist natürlich nur *ein* Beispiel, wie »Grenzen setzen für die Liebe« misslingen kann und was geschehen muss, dass es wieder möglich wird. Natürlich gibt es im vielfältigen Leben von Paaren und Familien unendlich viele Variationen davon. Im Folgenden schildern wir deshalb einige *häufig vorkommende Muster solch »rigider Triaden«*, wie sie in der Familientherapie genannt werden. Darunter versteht man bestimmte Grenzen verwischende Abläufe zwischen Vater – Mutter – Kind/ern, die sich immer wieder (darum »rigide«) wiederholen und damit ein klares und flexibles Umgehen mit den anstehenden Aufgaben und Problemen der Familie verhindern.

Chronischer Streit der Eltern

Eine solche rigide Triade entsteht zwischen Vater, Mutter und Kind, wenn die *Eltern immer wieder ins Streiten kommen, welches der »richtige« Umgang mit dem Kind ist.* Der Vater sagt: »Ich will, dass Evelyn spätestens abends um Zehn zu Hause ist. Sie ist noch zu jung und muss doch morgen wieder zur Schule!« Darauf die Mutter: »Aber die ist doch auch kein Kind mehr, und so oft will sie ja gar nicht weg! Da kann sie doch auch mal länger bleiben! Sie wird schon selber merken, wenn sie nicht genug Schlaf bekommt …« Immer wenn das Thema ansteht, entwickelt sich zwischen den Eltern diese Auseinandersetzung – auch in Anwesenheit von Evelyn. Man kann sich vorstellen, wie das bei der Tochter ankommt. Woran soll sie sich jetzt halten, was ist eigentlich gut für sie und was nicht!? Hier verwischen die beiden Erwachsenen ihre Eltern-Grenzen gegenüber der Tochter, mit dem Effekt, dass diese die beiden nicht mehr als elterliches Gegenüber hat, sie kaum noch ernst nehmen kann und zudem orientierungslos bleibt.

Das Familien-System braucht in den Eltern ein *klares »exekutives System«* (Minuchin 1978, S. 72 u. 78f.), eines, das gemeinsam die geltenden Regeln setzt und auf deren Einhaltung achtet. Die Eltern könnten sich ja in unserem Fall darauf einigen, dass unter der Woche die Regel gilt, die der Vater vorziehen würde, am Wochenende aber diejenige der Mutter. Solche Einigkeit zu erzielen und dem Kind gegenüber zu vertreten, ist Aufgabe der Eltern. Das ist wichtig, damit für das Kind Klarheit entsteht und es dadurch auch einen starken Halt spürt.

Unüberprüfte »Einigkeit«

Ein anderes Beispiel einer »rigiden Triade« kann aber auch so aussehen, dass die *Eltern sich zu schnell und unkritisch »einig« sind über ein Kind.* »Dem Maxi darf man nicht viel zumuten, das ist ein so sensibles Kind!« Hier besteht die Gefahr, dass der Junge von beiden Eltern in Watte gepackt wird, dass sie ihm zu wenig zutrauen und keine Herausforderungen mehr an ihn heranlassen. Damit nehmen sie ihm wichtige Entwicklungschancen.

Hier herrscht zwar Einigkeit, aber es ist eine einseitige und unkritische Einigkeit. Die Grenze, die sie zwischen sich und dem Kind ziehen, ist zu rigide und unflexibel. Das heißt mit anderen Worten: Eine *flexible* Grenze kann entstehen, wenn gemeinsame Meinungen und rasch gefällte Urteile über Kinder immer wieder hinterfragt werden. Jeder Elternteil sollte sich seine eigene Meinung bilden, und unterschiedliche Meinungen über ein Kind müssen miteinander intensiv ausdiskutiert werden. Es kann ja durchaus sein, dass zum Beispiel Maxi im Kontakt zur Mutter seine sensible Seite zeigt, aber im Kontakt zu seinem Vater vielleicht noch ganz andere Seiten zum Vorschein kämen. Möglicherweise bräuchte er gerade diesen intensiveren Kontakt zu ihm, um diese Seiten auch zu entwickeln. So würde aus der rigiden eine *flexible Triade*, in der es möglich ist, unterschiedliche Seiten zu zeigen und zu entwickeln.

Sündenbock-Muster

Eine ähnliche Rigidität ist auch dort zu beobachten, wo sich in Familien eine Art *»Sündenbock-Muster«* einspielt. Ein Junge oder ein Mädchen ist halt immer wieder »schwierig«, »widerspenstig«, eine »Nervensäge«. Die Gefahr ist sehr groß, dass sich solche Beurteilungen festsetzen, und bei jeder Gelegenheit ist es »natürlich wieder der Jakob oder die Emily gewesen, der oder die …« Auch hier wird die Grenze zwischen Eltern- und Kinder-System starr, die anderen Seiten, die das Kind auch noch hat, »dringen« nicht mehr durch diese Grenze zu den Eltern.

Das Fatale an diesem Sündenbock-Mechanismus ist, dass eine solche Zuschreibung auf die Dauer identitätsbildend wirkt. Das heißt: Die Gefahr besteht, dass dieser Junge oder dieses Mädchen später im Erwachsenenleben immer wieder in eine Sündenbockrolle gerät.

So bekannte ein Klient, dessen Frau sich von ihm trennen wollte: »Ich war schon immer einer, der alles kaputt gemacht hat. Mein Vater nannte mich deshalb ›das Hee-macherle‹ (schwäbisch für ›der kleine Kaputt-Macher‹). Kein Wunder, dass ich jetzt auch unsere Ehe kaputt gemacht habe.« Er hatte sich mit der Rolle des Kaputtmachers so sehr identifiziert, dass er dabei vollkommen ausblendete, dass auch seine Frau Anteile an der Zerrüttung der Ehe hatte. Was er außerdem nicht sah: Seine Eltern hatten ihm in der Kindheit die Rolle des Sündenbocks zugeschrieben, um sich selbst und ihrer Beziehung die Illusion einer harmonischen Einheit zu erhalten. Das wurde daran deutlich, dass die Eltern sich, sobald das ›Hee-macherle‹ erwachsen und aus dem Haus war, binnen Jahresfrist trennten …

Wenn sich Eltern also einig sind über ein ›schwieriges‹ Kind, dann sollte das von ihnen immer wieder kritisch hinterfragt werden. Aufschlussreich sind auch Meinungen von Verwandten, Freunden, Ärzten und Pädagogen, um möglichst viele Facetten der kindlichen Persönlichkeit wahrnehmen und gezielt fördern zu können. Außerdem braucht es gerade hier auch sehr nötig die Auseinandersetzung des Eltern-Paares mit den *eigenen Konfliktthemen*, die vielleicht schon lange fleißig unter den Teppich gekehrt wurden, um in der Schuldzuschreibung an das Kind auf verquere Weise Einigkeit zu erhalten. So könnte die erstarrte Grenze zwischen Eltern- und Kinder-System wieder flexibilisiert werden.

Einseitige Zuschreibungen

Eine Variation davon, wenn auch sicherlich weniger destruktiv in der Auswirkung, sind auch *Zuschreibungen der Eltern* von der Art *»unser Tüchtiger!«, »unsere Tüchtige!«, durch die das Kind immer wieder veranlasst wird, zu viel Verantwortung zu übernehmen*, zum Beispiel für jüngere Geschwister, einen behinderten Bruder, die kränkliche Mutter usw. Auch wenn ein solches Kind dadurch lernt, im späteren Leben Verantwortung zu übernehmen, besteht doch die Gefahr, dass es seine schwachen, bedürftigen Seiten nicht mehr wahrnimmt, keine Weichheit entwickelt und generell dazu neigt, zu viel von sich zu verlangen und sich zu überfordern.

Ganz ähnlich verhält es sich mit der Zuschreibung *»Unser Sonnenschein«*, die häufig Mädchen zuteil wird. Dem Kind wird so die Verantwortung für die gute Stimmung von Vater oder Mutter in der Familie zugeschoben und Anwandlungen von Trauer oder anderen »Schatten-Gefühlen« darf es nicht zeigen. Auch das schränkt sein Entwicklungspotential ein, weil so ein ganzer Teil der Persönlichkeit ausgeblendet bleibt. Dem späteren Erwachsenen wird es dadurch sehr erschwert, in jeder Stimmungslage mit sich im Reinen zu bleiben.

Die Eltern sollten in diesen und ähnlich gelagerten Fällen auch Zugang zu den jeweils »anderen Seiten« des Kindes haben und darauf eingehen können, damit der Junge/das Mädchen die »Erlaubnis« erfährt, auch diese Seiten haben und zeigen zu dürfen.

Rigide Koalitionen

Von einer weiteren Ausprägung einer rigiden familiären Triade haben wir oben schon gesprochen: von der sogenannten *rigiden Koalition,* die sich in manchen Familien herausbildet, wenn zwischen einem Elternteil und einem Kind eine nicht förderliche Bindung entsteht. Elvira, die betrogene Ehefrau unseres Beispiels, ist gegen den untreuen Mann ein »Bündnis«, eine »Koalition« mit ihrer Tochter Karin eingegangen. Obwohl Karin ursprünglich ihrem Vater emotional näher stand als ihrer Mutter, bewirkten deren Trostbedürftigkeit und der »Fehltritt« des Vaters, dass sie sich ganz der Mutter zuwandte, sich mit ihr viel zu eng verband. Wie in diesem Beispiel deutlich wird, verlässt das Kind hier das Kinder-Subsystem und gerät auf die Eltern-Ebene, d.h. es tritt neben die Mutter. Dadurch wird die Generationen-Grenze verletzt bzw. »verwischt«, Karin gerät in eine Position, die ihr nicht zukommt, die ihr in gewisser Weise auch den Vater nimmt und die sie darum heillos überfordert.

Unter »rigiden Koalitionen« versteht man solche Bündnisse über die Generationengrenze hinweg, die einseitig zwischen einem Kind und einem Elternteil entstehen. Sie bestehen nicht nur kurzzeitig und bezüglich einer vorübergehenden Situation, sondern auf Dauer. Solche Koalitionen verwischen das Eltern-Subsystem. Sie tragen dazu bei, Vater und Mutter immer wieder gegeneinander aufzubringen und die Konflikte, die sie miteinander haben, zu verfestigen. Den betroffenen Kindern wird es hier unmöglich, wirklich Kinder und Geschwister im System zu sein. Sie kommen in die Rolle von Tröstern, Helfern oder Rettern des einen Elternteils – und verlieren noch dazu die Unterstützung und Zuwendung des anderen Elternteils.

Vater-Töchter und Mutter-Söhne

Ein häufiger Spezialfall dieser rigiden Familien-Triade, die durch Koalition entsteht, sind die beiden gegengeschlechtlichen Koalitionen der *Vater-Tochter und des Mutter-Sohns* (Jellouschek 2012, S. 91–121 und Kast 2012). Von einer *Vater-Tochter* spricht man, wenn im Laufe der familiären Entwicklung die Tochter zum Vater eine emotional innigere Beziehung bekommt als sie die Mutter und Ehefrau zu ihm hat. Und entsprechend verhält es sich beim *Mutter-Sohn*: Er steht seiner Mutter näher und ist mit ihr enger verbunden als der Vater. Die weibliche Variante begegnet uns häufig in zwei typischen Ausprägungen: Die Vater-Tochter als »liebe Prinzessin« und die Vater-Tochter als die »Tüchtige«. Die männliche Variante zeigt sich häufig in den Ausprägungen des »lieben Jungen« und des »Helden«.

Der Entstehung solcher Muster geht immer voraus, dass die Partner wichtige Bedürfnisse auf der Paar-Ebene einander nicht erfüllen. Die Sehnsucht danach wird dann unbewusst auf Tochter oder Sohn umgeleitet. So entsteht die besondere Bindung zwischen Vater und Tochter, die wir *Prinzessin-Muster* nennen, wenn der Vater in der Tochter die lieben, anschmiegsamen oder auch kapriziös-verführerischen Verhaltensweisen entdeckt, die er bei seiner Frau vermisst. Ebenso bildet sich das *Tüchtigen-Muster* aus, wenn die Tochter den Vater besonders durch ihre zupackende, tüchtige und verantwortungsvolle Art begeistert.

Dem entsprechend ist es beim Muttersohn einerseits die liebevoll-anschmiegsame Art des »lieben Jungen« oder beim »Helden« die kämpferisch-erfolgreiche Art, die der Mutter so imponiert, dass sie diese Seiten besonders fördert.

Dass die Eltern eine solche Attraktivität bei den Kindern entdecken und es dauerhaft zulassen, dass das Kind zu einem

Ersatzpartner wird, hat seine Ursache – wie bereit erwähnt – in nicht erfüllten Bedürfnissen gegenüber dem eigenen Partner. Konkret sind dies Nähe-Bedürfnisse, Bedürfnisse nach Unterstützung, nach Anpassungsbereitschaft, nach Anerkennung und so weiter. Diese Bedürfnisse werden nicht artikuliert, sind vielleicht in der partnerschaftlichen Beziehung für tabu erklärt worden und werden daraufhin zu einem der Kinder umgeleitet.

Kinder wiederum spüren sehr schnell, was von ihnen erwartet wird und genießen es, gewissermaßen einen Zauberschlüssel zum Herzen des Vaters oder der Mutter zu haben und so überaus wichtig zu sein. Sie entwickeln auch häufig dadurch einen Schatz an Fähigkeiten, nämlich ihre zur Perfektion entwickelten Fertigkeiten wie hinreißenden Charme, sensibles Einfühlungsvermögen, große Tüchtigkeit und Durchsetzungskraft usw. Diese sind vor allem für die berufliche Karriere, für das Funktionieren in der Gesellschaft, sehr förderlich.

Solche Kinder verlieren allerdings auch etwas sehr Wichtiges: ihren Platz in der Geschwisterreihe. Dadurch geraten sie dann auch im Erwachsenenleben in die Gefahr, zu wenig auf Hilfe von Freunden, Partnern und Kollegen zu vertrauen. Und sie verlieren das Vertrauen darauf, um *ihrer Selbst willen* gemocht, geliebt, gebraucht zu werden – oder können es erst gar nicht entwickeln: Ich bin eine liebenswerte Person, auch wenn ich mal nicht so tüchtig, nicht so nett, nicht so hilfsbereit bin. Diese innere Überzeugung ist für Vater-Töchter und Mutter-Söhne oft nicht oder nicht fest genug verankert.

Uns ist sehr wichtig, an dieser Stelle zu betonen: Natürlich gibt es häufig in Familien Söhne, die ihren Müttern, und Töchter, die ihren Vätern besonders nahe stehen. Problematisch im Sinne »rigider Koalitionen« werden diese Muster nur dann, wenn zwischen dem Vater und der Tochter bzw. der Mutter und dem Sohn *dauerhaft* eine innigere Beziehung entsteht als zum Ehepartner. Solche Koalitionen haben immer auch eine erotische Färbung, was aber keineswegs schon bedeutet, dass es in die Nähe des sexuellen Missbrauchs käme, obwohl es natürlich eine Art *emotionaler* Missbrauch des Sohnes durch die Mutter und der Tochter durch den Vater ist. Denn hier ist ja die typische Beziehungsform des Paares, nämlich die erotische Bindung, aus dem eigentlichen Paar-System »ausgewandert« und hat sich zwischen Vater und Tochter, Mutter und Sohn etabliert. Damit verwischen sich hier nicht nur die Grenzen vom Kind-System zum Eltern-System, sondern auch die zum Paar-System. Die Frau steht dem Sohn emotional näher als ihrem Mann, und der Mann der Tochter näher als seiner Frau.

Natürlich heißt das nicht, dass dies schon bei jedem Anflug erotischer Gefühle, die Mutter oder Vater beim Anblick ihrer heranwachsenden Söhne und Töchter eventuell verspüren, der Fall wäre. Vielmehr kann dies für Eltern gerade ein wichtiger Hinweis sein, dass nun neue Grenzziehungen anstehen: Weil ihre Kinder nun erwachsen werden und darum mit Recht zum Beispiel die Tür zum Badezimmer abschließen oder plötzlich Geheimnisse vor den Eltern haben, die sie nur noch ihren Freunden oder dem Tagebuch anvertrauen.

Vater-Tochter- und Mutter-Sohn-Beziehungen haben durchaus ihre Anziehungskraft und ihren Reiz. Sie bringen, wie schon beschrieben, bei den Kindern besondere Talente und Stärken hervor, fordern aber auch den Preis eines gut entwickelten Selbstwertgefühls. Sie prägen damit den weiteren Weg der betroffenen Kinder in der Weise, dass sie als Erwachsene in ihren Beziehungen ähnliche Dreiecke re-inszenieren. Außerdem führen sie auch häufig dazu, dass in der Familie ihre Beziehung zum anderen, gleichgeschlechtlichen Elternteil, der ja in dieser Konstellation emotional ausgeschlossen ist, schwierig und konflikthaft wird.

Worin Muttersöhne und Vatertöchter entweder noch im Familien-System oder später als Erwachsene Unterstützung brauchen: Dass der Sohn den Weg zum Vater und die Tochter den Weg zur Mutter (wieder) findet. Die Koalition kann dadurch gelockert und das Familiendreieck wieder ins Gleichgewicht gebracht werden, dass eine emotionale Verbindung zum gleichgeschlechtlichen Elternteil wieder oder erstmals aufgebaut wird. Wenn ein Vater den Eindruck hat, die Distanz zwischen ihm und seinem Sohn sei unendlich groß, oder eine Mutter spürt, die Tochter ist ihr »verlorengegangen«, könnte es sein, dass es um dieses Thema einseitiger Koalitionen geht. Es wäre dann sehr bedeutsam, dem die angemessene Beachtung zu schenken.

Was kann helfen?

Wir sind uns bewusst, dass es schwierig sein dürfte, rigide triadische Familienmuster wie die eben beschriebenen, allein durch die Lektüre unserer Ausführungen verändern zu können. Wo sich Derartiges schon fest etabliert hat, empfehlen wir, auch professionelle Hilfe in Anspruch zu nehmen. Mit den Hinweisen, die nun folgen, möchten wir deutlich machen, was – sehr allgemein gesprochen – »Grenzen setzen für die Liebe« in der Familienphase mit Heranwachsenden heißen kann und wie die Strategien aussehen würden, die Entwicklungen zu derartigen rigiden Triaden einerseits überhaupt verhindern oder andererseits bereits spürbare Tendenzen in diese Richtung korrigieren könnten. Es geht dabei vor allem um zwei Bereiche: Zum einen um die Abgrenzung zwischen Eltern-Subsystem und Kinder- bzw. Geschwister-Subsystem und zum anderen um die Pflege der Paarbeziehung und damit der Abgrenzung des Subsystems Paar von den übrigen Subsystemen der Gesamt-Familie.

Das Geschwister-Subsystem

Es tut den Kindern in der Familie gut und trägt zu deren Gedeihen sehr bei, wenn es in ihr *ein eigenständiges und klar abgegrenztes Geschwister-Subsystem* gibt. Das heißt: Die Kinder in der Familie sollen durchaus ihr Eigen-Leben haben. Zwar braucht es, wie schon erwähnt, als Rahmen die Eltern als Regeln setzendes »Exekutiv-System« in der Familie, aber auf dieser Basis sollen die Kinder möglichst viel Gelegenheit bekommen, auch *ihr Eigenleben selbst zu gestalten*: untereinander und mit gleichaltrigen Freunden, Mitschülern usw. Beim Einzelkind können und sollen diese ja die Geschwister auch ein Stück weit ersetzen. In anderen Worten heißt dies: Wenn Kinder untereinander – als Geschwister und mit Freunden und Kameraden – viel zu tun haben und viel beschäftigt sind, hilft das zu einer klaren und konstruktiven Abgrenzung vom Eltern-System. Damit bietet sich den Kindern ein enorm wichtiges soziales Lernfeld, in dem vieles entdeckt und entwickelt wird, was die elterliche Erziehung in fruchtbarer Weise ergänzen, ja manchmal auch korrigieren kann. Es trägt außerdem dazu bei, dass die Heranwachsenden mehr und mehr Selbständigkeit entwickeln und sich auf eine gute Weise von den Eltern ablösen. Dies ist ja vor allem dann sehr wichtig, wenn Gefahr besteht, dass sich – ähnlich den genannten Beispielen – einseitige rigide Eltern-Kind-Koalitionen einspielen. Eltern sollen also froh sein, wenn ihre Kinder auf diese Weise »sehr viel zu tun haben«, viel außer Haus sind und ihre eigenen Kontakte pflegen. Und sie sollen das für sich nutzen und genießen, weil sie dadurch ja auch mehr Raum für ein Eigenleben als Mann und Frau und als Paar bekommen.

In diesem Sinne ist es durchaus auch anzustreben, dass ältere Geschwister für jüngere auch mal *Verantwortung übernehmen*, sich um sie kümmern, ihnen helfen, zum Beispiel bei Hausaufgaben oder anderen zu lösenden Schwierigkeiten. Dies sollte freilich nur so geschehen, dass sie hier nicht die Eltern ersetzen und sich überverantwortlich verausgaben. Aber im Auftrag der Eltern, stellvertretend für sie und vorübergehend für bestimmte Situationen, sind solche Übertragungen von Verantwortung auf Geschwister füreinander durchaus auch entwicklungsfördernd und konstruktiv für das Zusammenspiel der ganzen Familie. Sie entlasten das Eltern-Subsystem und schützen es vor Über-Verantwortung und damit vor einer Verwischung der Grenzen in dieser Richtung.

Das Paar-Subsystem

Ein weiteres wichtiges »Mittel« vor allem gegen die Herausbildung von einseitigen und rigiden Koalitionen zwischen einem Elternteil und einem der Kinder ist natürlich die *Sorge der Eltern für ihre eigene Paarbeziehung*. Auch und gerade in dieser Phase gilt, dass eine Paarbeziehung »von selber schlechter wird«. Der Alltag mit seinen Abläufen, die Gewöhnung an das Zusammenleben mit dem Partner, die Menge der in Familie und Beruf zu erfüllenden Aufgaben, die hohen Ansprüche, die sehr viele Menschen heute an die Qualität des täglichen Lebens haben und vieles mehr verführen immer wieder dazu, sich damit so auszulasten, dass für nichts anderes mehr Raum ist. Die Liebe soll gefälligst von selber bleiben. Sie bleibt aber nicht – außer wir pflegen sie (Jellouschek 2013). Und wieder heißt dies: Dafür zu sorgen, *dass es garantierte*

Räume und Zeiten gibt, in denen sich die Partner als Mann und Frau begegnen können, in denen sie sich wieder als ein Paar fühlen, das sich in Liebe vereint hat, und nicht nur als Arbeits- und Erzieherteam zusammengetan hat.

Auch wenn ein solches Team zeitweise und vielleicht auch für längere Zeit sogar sehr gut funktioniert, wenn sich die lebendige Liebe des Paares daraus verabschiedet hat, ist die Gefahr sehr groß, dass sich »rigide Triaden« bilden, weil eines der Kinder das emotionale Defizit von Mama oder Papa ahnt und spürt, und deshalb zu viel Verantwortung übernimmt, sich zu sehr quasi elterlich um die Geschwister kümmert oder in eine Partner-Ersatz-Funktion hinein gerät, wie wir es an den Mustern von Vater-Tochter und Mutter-Sohn kurz beschrieben haben.

Die Paarbeziehung pflegen und damit hier bewusst »für die Liebe Grenzen zu setzen«, geschieht auf vielfältige Weise: Man nimmt sich wieder Zeit für ein persönliches Gespräch zu zweit, man macht – vielleicht gerade zu diesem Zweck – am Abend vor dem Schlafen-Gehen noch einen kleinen Spaziergang; man unternimmt miteinander wieder ab und zu etwas Interessantes, besucht einen Vortrag, ein Konzert, geht ins Kino und tauscht sich nachher darüber aus; oder man hält sich am Wochenende einen Tag oder manchmal vielleicht auch das ganze Wochenende frei, um miteinander zu verreisen usw. So etwas »ergibt sich« in dieser Lebensphase nicht mehr »von selber«. Man muss es *bewusst einplanen und es verbindlich vereinbaren,* wie einen Arzt- oder beruflichen Besprechungs-Termin. Nur dann behält das Paar sein Eigenleben oder gewinnt es wieder, nur dann verschwimmt das »System Paar« nicht mit den anderen Teilsystemen der Familie zu einem »verstrickten System«.

Bei älteren Kindern gehören ja die Abende nicht mehr selbstverständlich dem Paar. Kinder bleiben länger wach, schauen sich im TV den »Tatort« mit an, man veranstaltet Spiele-Abende, man genießt die Familienatmosphäre, aber für das Paar bleibt keine exklusive Zeit mehr übrig, außer, die beiden gehen außer Haus. »Wir können den Kindern ja nicht das Wohnzimmer verbieten!«, heißt es dann. Vielleicht ist es aber doch möglich, einen Abend in der Woche zu reservieren und ihn den Kindern anzukündigen als Paarabend: »An dem Abend wollen wir mal für uns sein!« Dafür richtet sich das Paar einen eigenen gemütlichen Platz in der Wohnung ein, der vor den Kindern ›geschützt‹ werden kann. Nicht nur nützt das der Paarbeziehung, sondern es dient auch den Kindern als gutes Modell in Hinblick auf deren spätere Beziehungsgestaltung.

Sexualität

Was hier zunächst mehr allgemein gesagt wurde, gilt natürlich auch und besonders *für den erotisch-sexuellen Bereich.* Zärtlichkeit, Körperkontakt, Sexualität gilt es – gerade in dieser Phase – bewusst zu pflegen. Dadurch entsteht und erneuert sich immer wieder eine spezifische Art von Nähe und Vertrautheit zwischen den Partnern, die auch Voraussetzungen dafür schafft, in der Gestaltung des gemeinsamen Lebens immer wieder zusammenzufinden und gemeinsame Vorgehensweisen, auch den Kindern gegenüber, zu entwickeln.

Möglicherweise wird hier mancher einwenden: Aber wie soll das gehen, wenn ich den anderen einfach nicht mehr so besonders attraktiv finde? Es ist mir kein Bedürfnis, ihn/sie in den Arm zu nehmen oder zu küssen. Und es zieht mich erotisch und sexuell nicht mehr zum anderen hin! Die Lust darauf hat sich einfach verflüchtigt im Lauf der Zeit … Die leider viel zu früh verstorbene Sexualtherapeutin Ulrike Brandenburg pflegte auf diesen Einwand zu antworten: »Um mit seinem Partner Sex zu machen, muss man keine Lust haben!« Man muss es *wollen* und den Raum dafür schaffen – nicht selten kommt dann die Lust wieder. In einer Beziehung, die schon über eine längere Zeit währt, entzündet sich die Sexualität meist nicht mehr »von selber«. Sexualität in der Dauerbeziehung braucht – sicher nicht immer, aber doch immer wieder – den bewussten Entschluss dazu, »es einfach zu tun«.

Allerdings wird dieser Entschluss und dieses Tun leichter fallen, wenn zusätzlich noch zwei Dinge beachtet werden: Das eine ist, dass die Partner die *Sexualität als Thema in ihren Gesprächen* nicht wie es oft in länger dauernden Beziehungen geschieht, tabuisieren und nicht mehr darüber sprechen, sondern dass sie sich immer wieder einmal offen und ehrlich darüber austauschen, *was sie sich beim Sex eigentlich auch noch manchmal wünschen* würden – und vielleicht schon lange nicht mehr praktiziert haben. Durch diesen Austausch eröffnen sich manchmal überraschend neue Räume, weil die beiden sich in diesem Bereich wieder ganz neu kennenlernen, wenn sie vom anderen erfahren, was ihm Lust bereiten würde.

Das zweite: Die sexuelle Lust am Anfang der Beziehung entzündet sich, wie wir schon erwähnt haben, fast immer daran, dass ich den anderen im Vergleich zu mir »so anders« und dabei gleichzeitig faszinierend ergänzend erlebt habe. Im Laufe der Zeit und des gemeinsamen Alltags findet dann oft eine Angleichung statt, die diese inspirierende Polarität oft ganz in den Hintergrund treten lässt. Es wird eine Art geschwisterliche Beziehung daraus, durchaus vertraut und nah, aber ohne erotische Spannung.

Darum gibt es auch der Erotik wieder neuen Auftrieb, wenn die beiden Partner dafür sorgen, auch ihre ganz *individuellen Eigenschaften und Vorlieben zu pflegen und zu entfalten*: eigene Interessengebiete, eigene Kontakte, eigener Lebensstil. Je mehr beide Partner dafür sorgen, auch engagierte und interessierte Menschen zu bleiben und immer wieder zu werden, die sich auseinandersetzen, die auch mal neue Ideen haben, die auch mal Gewohntes und Eingefahrenes kräftig hinterfragen, desto eher bleiben sie auch als Sexualpartner für den anderen interessant. Denn sie pflegen auf diese Weise ihre Autonomie und sorgen damit dafür, dass ihre Bindung aneinander immer wieder zu einer lebendigen und interessanten »Vereinigung der Gegensätze« wird und sich nicht in einen langweiligen Einheitsbrei verwandelt.

Zweifellos muss diese Autonomie manchmal gegenüber dem anderen behauptet, manchmal auch durchgesetzt werden. Hier besteht aber immer wieder die Gefahr unerquicklicher Konflikte. Darum wird auch hier wieder die »zugestandene Autonomie« höchst aktuell: Partner tun sich und dem anderen etwas Gutes und erhalten einander ihre wechselseitige sexuelle Attraktivität, wenn sie dem anderen das eigenständige Leben nicht nur zugestehen, sondern es fördern und unterstützen. »Der andere liebt mich – gerade mit meinen ganz individuellen Interessen und Vorlieben, die er selber ja gar nicht teilt!« Diese Erfahrung fördert die Entwicklung einer reifen Liebe, in der Autonomie und Bindung in einen glücklichen Gleichklang gebracht sind, wie kaum etwas anderes.

Wenn die Eltern dafür sorgen, dass sie auf diese Weise ein auch erotisch liebendes Paar bleiben, und immer wieder Wert auf ein »eigenes Leben« legen, einen eigenen Raum beanspruchen, eigenen Interessen nachgehen, tun sie auch den Kindern etwas Gutes. Zum einen wird dadurch die Gefahr vermindert, als Eltern über-verantwortlich zu werden für die Kinder und ihnen zu wenig Eigenleben und Eigen-Entfaltung zu lassen. Und zum andern ist mit dem Weiter-Bestehen der erotischen Beziehung der Eltern auch die beste Voraussetzung dafür gegeben, dass die Kinder in der Familie »die Kinder bleiben«. Das heißt aber hier nicht, dass sie nicht erwachsen werden sollen, vielmehr heißt es, dass sie in den Grenzen »ihres« Subsystems, des »Geschwister-Systems«, bleiben und nicht die Generationengrenze verwischen, indem sie in eine Art Partner-Position zu Vater oder Mutter geraten, um so deren emotionale Defizite auszugleichen. Die Zufriedenheit der Eltern miteinander als Paar wird dazu beitragen, dass sich keines der Kinder übermäßig und über-verantwortlich um Mama oder Papa zu kümmern beginnt, weil sie eine solche Bedürftigkeit dann nicht ausstrahlen.

5. Kapitel

Spezialfall Patchworkfamilie – Neues integrieren und Brüche vermeiden

An dieser Stelle steigen wir aus der zeitlichen Abfolge der Familien-Entwicklung vorübergehend aus und wenden uns einer Familienform zu, die aufgrund der hohen Scheidungsraten (etwa 30 %) in den letzten Jahren immer häufiger anzutreffen ist, der *Patchworkfamilie* (vgl. dazu Krähenbühl u. a. 2011 und Jellouschek 2003, S. 180 ff.). Die Grenz-Probleme, die sich hier ergeben, sind vor allem dann schwierig zu bewältigen, wenn die Kinder noch in der Familie bzw. in den betroffenen beiden Familien leben. Darum schieben wir dieses Kapitel an dieser Stelle ein. Wir widmen der Besprechung dieser Familienform im Folgenden relativ viel Raum, weil gerade an deren Komplexität die Notwendigkeit klarer und flexibler Grenzen sehr deutlich gemacht werden kann.

Trennung

Der Bildung einer Patchworkfamilie geht immer mindestens eine Trennung voraus. Statistisch gesehen ist dabei die Zahl der Trennungen durch den Tod eines Ehegatten in den letzten Jahrzehnten sehr viel geringer geworden als die der Trennungen durch den Entschluss eines oder beider Partner, ihre eheliche Beziehung aufzulösen. Dies ist für das Leben in der

Patchworkfamilie von großer Bedeutung. Denn so schmerzvoll es sein kann, wenn einer den Partner durch Tod verliert, die Gefühlslage des Hinterbliebenen ist in der Regel nicht noch zusätzlich durch Kränkungen belastet und eine innere Aussöhnung damit meist leichter möglich als dies bei Scheidungen und willentlich herbeigeführten Trennungen der Fall ist. Hier gibt es häufig Kränkungen, Verletzungen, Wut und Rachegefühle, heftige Auseinandersetzungen um Kinder und Vermögenswerte – mit all den komplizierten Problemlagen, die damit verbunden sind. Somit haben es die Patchworkfamilien nach Scheidungen meist mit einer gefühlsmäßig komplizierteren Ausgangslage zu tun als jene nach dem Tod eines der Partner.

Die Grenze, die der Trennungswillige hier zwischen sich und dem Partner zieht, kann für alle Beteiligten sehr schmerzhaft sein und sehr viel von dem zerstören, was man miteinander aufgebaut und voneinander erhofft hat. Nicht selten geht dem voraus, dass das Paar die Pflege seiner Beziehung innerhalb der Familie, von der wir in den vorausgehenden Kapiteln gesprochen haben, vernachlässigt hat. Über der ursprünglichen Glut ihrer Liebe ist dadurch so viel Asche angehäuft worden, dass die Glut erstickt ist oder es den Partnern nicht mehr gelingt, sie neu zu entfachen.

Sicher wäre es in so manchem Fall möglich, die Liebe wieder zu beleben, und zweifellos wird manchmal die Trennung zu schnell vollzogen, bevor noch die vorhandenen Möglichkeiten für ihre »Wiederbelebung« genutzt worden sind. Aber häufig ist die Liebe der beiden tatsächlich unwiederbringlich verloren. Dafür kann es mehrere Gründe geben: Sie kann daran zugrunde gegangen sein, dass ihre Pflege zu sehr vernachlässigt wurde oder dass man sich unverzeihliche seelische Verletzungen zugefügt hat. Sie kann in den Hintergrund geraten sein, weil eine neue Liebe so intensiv erlebt wird, dass für die alte kein Platz mehr zu sein scheint. Oder die Partner haben sich im Laufe der Zeit in ihrer Persönlichkeit so auseinander entwickelt, dass sie keinen Weg mehr zueinander finden.

Diesen zuletzt genannten Fall einer Trennung aufgrund zu unterschiedlicher individueller Entwicklung der Partner haben wir gerade in letzter Zeit nicht selten erlebt, zum Beispiel bei einem Paar, das wir hier Frederik und Anna nennen. Der lebendige, aber etwas unstete Frederik konnte am Anfang die fürsorgliche Liebe seiner Anna in vollen Zügen genießen, und Anna fühlte sich durch Frederik in ihrer oft etwas gedrückten Gefühlslage auf glückselige Weise belebt. Die Wirkung, die sie auf Frederik ausübte, stärkte ihr Selbstwertgefühl und hellte ihre Grundstimmung nachhaltig auf. Auf ihre Art hatten sie so eine gute Balance von Autonomie und Bindung innerhalb ihrer Paarbeziehung gefunden (vgl. S. 30–37).

Dieses Gleichgewicht geriet aber durch die weitere Entwicklung immer mehr in Schieflage: Frederik wurde durch die gemeinsamen Kinder und durch verantwortungsvolle berufliche Aufgaben in seiner Eigenständigkeit immer stabiler und immer weniger angewiesen auf den Gefühlshalt durch Anna, ja er fühlte sich durch sie immer mehr festgehalten und eingeschränkt, oder auch »versorgt«, wo er Versorgung gar nicht mehr nötig hatte und auch nicht wollte. Anna wiederum fühlte sich dadurch immer überflüssiger, ja sogar störend, und rutschte in der Folge immer öfter in ihre früheren gedrückten Stimmungen ab, weil sie das Gefühl bekam, es ihm nicht mehr recht machen zu können. So wurde die Stimmung zwischen den beiden immer düsterer. Frederik war im Laufe der Jahre gewissermaßen ein anderer geworden und Anne fand keinen Weg, sich auf diesen »anderen« neu einzustellen.

So blieb den beiden nur der äußerst schmerzvolle Weg einer Trennung.

In solchen Fällen – wenn die Partnerliebe nicht wiedergefunden werden kann – ist eine so krasse Grenzziehung wie eine Scheidung dennoch eine »Grenze für die Liebe«. Sie eröffnet nämlich beiden Partnern eine neue Zukunft und die Möglichkeit, eine neue Liebesbeziehung in einer stimmigeren Balance von Autonomie und Bindung zu finden. Man kann sicher vieles tun, um eine erkaltete Beziehung wieder neu zu beleben. Aber herbeizwingen kann man die Liebe nicht. Wenn sich Entwicklungen der geschilderten Art vollzogen haben, kann es tatsächlich das Beste sein, loszulassen und Abschied zu nehmen.

Auch für die betroffenen Kinder ist dies das Beste. Eine Ehebeziehung, die ohne Liebe und nur noch »im Interesse der Kinder« aufrechterhalten wird, ist in den allermeisten Fällen für diese sehr belastend. Denn sie spüren die Spannungen, sie leiden unter den immer wieder aufflammenden Konflikten, auch wenn die Eltern alles tun, sie nicht hochkochen zu lassen, und sehr häufig fühlen sie sich sogar schuldig und meinen, sie seien die Ursache, dass die Eltern sich so schlecht verstehen. Und in einem ganz anderen Sinn als sie es meinen, stimmt das ja sogar: Denn ihretwegen auferlegen sich die Eltern, zusammenzubleiben, was dann immer wieder diese schwer erträglichen Spannungen erzeugt. Zweifellos stürzt eine Trennung die betroffenen Kinder immer in eine Krise. Denn natürlich wünschen sie sich nichts sehnlicher, als zusammen mit Vater und Mutter in einem sicheren Zusammenhalt aufzuwachsen. Darum sollte vor allem auch wegen der Kinder eine Trennung nicht leichtfertig vollzogen werden. Aber wenn es den Eltern nicht mehr möglich ist, diesen Zusammenhalt herzustellen, ist eine Trennung und die Schaffung einer gänzlich neuen Lebenssituation die bessere Lösung. Wie diese – wieder unter dem Gesichtspunkt der angemessenen Grenzziehungen – aussehen kann, darauf werden wir im Folgenden eingehen.

Die wohl wichtigste Grundlage für das Gelingen des Lebens in einer Patchworkfamilie ist es, folgenden Sachverhalt mit allen daraus erwachsenden Konsequenzen anzuerkennen: *Die Trennung betrifft die Paar-Ebene, nicht aber die Eltern-Ebene.* Die beiden getrennten Partner *bleiben Eltern der Kinder.* Das heißt: Dass die Partner ihre Paar-Ebene in dieser Weise von der Eltern-Ebene zu unterscheiden lernen, ist hier entscheidend. Die »neue«, also die Patchwork-Familie, und die »alte« Familie mit den beiden leiblichen Eltern, sind durch die Kinder für immer miteinander verbunden, und diese Verbindung muss auch konkret gelebt werden. Es darf im Interesse aller, aber vor allem im Interesse der Kinder keine undurchdringliche, starre Grenze geben zwischen beiden, indem der getrennte leibliche Elternteil ausgeschlossen und der Kontakt der Kinder zu ihm verhindert wird. Das »neue Leben« bleibt untrennbar mit dem »alten Leben« verbunden, und diese Verbindung gut zu schaffen, das stellt hier die besondere Kunst dar.

Die Struktur der Patchworkfamilie

Es gibt natürlich sehr viele unterschiedliche Formen von Patchworkfamilien, und es ist unmöglich, hier alle Varianten im Einzelnen zu behandeln. Um einerseits konkret zu bleiben und andererseits dennoch möglichst vielen Varianten gerecht zu werden, wählen wir hier das Beispiel einer relativ komplexen Patchworkfamilie, um daran das Thema der Grenzen und nötigen Grenzziehungen möglichst anschaulich zu machen.

Die Patchworkfamilie, die wir hier in den Blick nehmen, besteht aus Hermann und Ella, dem neuen Paar, sowie der 3-jährigen gemeinsamen Tochter Livia und dem 12-jährigen Max, Sohn Ellas aus erster Ehe. Die Kinder von Hermann,

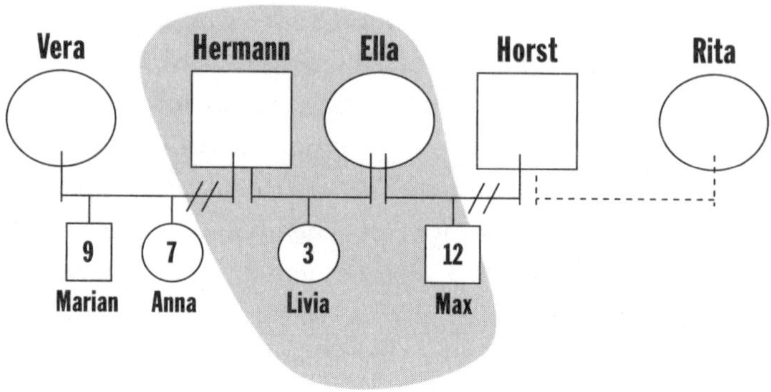

Marian (9 Jahre) und Anna (7 Jahre) leben bei seiner von ihm geschiedenen Frau Vera, die allein lebt, und kommen regelmäßig zu Hermann auf Besuch. Der Exmann von Ella, Horst, lebt mit seiner Freundin Rita zusammen und wird von Max ebenfalls regelmäßig besucht.

Das neue Paar

Der Grund, warum Hermann und Ella sich an uns wandten, war, dass sie sich immer wieder, vor allem wegen der jeweiligen Kinder, in heftige, unlösbar erscheinende Konflikte verwickelten. Dabei hatte ihre Beziehung mit einer sehr intensiven Liebe zueinander begonnen, und zwar zu einer Zeit, als es in Hermanns Ehe mit Vera bereits heftig kriselte. Diese Liebe gab den Ausschlag dafür, dass sich Hermann trotz der noch recht kleinen Kinder zur Trennung entschloss, sich mit Ella zusammentat und sehr bald auch zu ihr in die Wohnung zog, wo sie mit ihrem Sohn Max zusammenlebte. Hermanns Erfahrung war, was auf ähnliche Weise häufig geschieht, dass er erst in dieser Beziehung zu Ella erfuhr, was Liebe sein kann und woran es in der vorausgehenden Ehe von Anfang an gefehlt hatte.

Diese Erfahrung veranlasst nicht wenige Paare, so zu handeln wie Hermann und Ella. Sie ziehen möglichst rasch – zu rasch, wie sich dann häufig herausstellt – zusammen und wollen damit sowohl den Kindern als auch ihren eigenen wunden Herzen neue Verwurzelung und Trost bieten. So wollen sie ihre Beziehung als neue Lebensform »fest« machen. Hier lauern allerdings große Gefahren. Die Grenzen zur vorherigen Ehe so radikal zu ziehen und sich – auch äußerlich durch rasches Zusammenziehen – mit dem neuen Partner zusammenzutun und als »neues System« zu deklarieren, beachtet wichtige Zusammenhänge des bisherigen Lebens und noch immer bestehende Bindungen der Betroffenen nicht.

So auch in unserem Fall: Ella hatte starke Bindungen zu Sohn Max entwickelt, mit dem sie ja schon mehrere Jahre allein zusammenlebte, und Hermann hatte selbst noch eine starke Bindung zu seinen zwei kleinen Kindern, die zwar im Alltag bei seiner früheren Frau lebten, die aber für ihn immer noch eine wichtige Rolle spielten und zu denen er regen Kontakt pflegte.
Diese Seiten ihres Lebens hatten er und Ella anfangs mehr oder weniger ausgeblendet, um ihre neue Zweisamkeit genießen zu können. Sobald sie aber den Alltag miteinander zu leben begannen, mussten sie ihr Leben mit den Kindern teilen, nicht nur mit Max, sondern auch mit den Kindern von Hermann, die ja regelmäßig ihren Vater besuchten und damit in der für sie neuen Familie stark präsent waren. Solche Kinder kommen aber aus zwei verschiedenen Familienkulturen und haben deshalb in der Regel recht verschiedene Verhaltensweisen im Alltag entwickelt, gehen mit Hausaufgaben, Reinlichkeit, Ordnung usw. recht verschieden um. Das allein kann zu einer Quelle von Konflikten auch zwischen den neuen Partnern werden. Denn außer der Gewohnheit, mit

den eigenen Kindern so oder so zu verfahren, hat ja jeder der beiden neuen Partner seine gewachsenen Beziehungen zu diesen Kindern aus der früheren Ehe, hat eine innige Bindung zu ihnen und steht ihnen deshalb auch bedeutend näher als den Kindern des anderen Partners.
Wenn Ella zum Beispiel eins der Kinder von Hermann kritisierte, wurde dieser häufig ziemlich sauer – und umgekehrt war es genauso, wenn er mit Max' Verhalten ganz und gar nicht einverstanden war. Hinzu kommt, dass die Kinder den jeweils neuen Partner von Mutter bzw. Vater in aller Regel sehr skeptisch betrachten. Für sie ist er in den meisten Fällen ein »Eindringling«. Im Grunde wollte Max, wie alle seine Schicksalsgenossen, dass an der Stelle von Hermann sein leiblicher Vater Horst dagewesen wäre, und Marian und Anna wollten den Vater viel lieber bei sich zu Hause und bei ihrer Mutter sehen, als ihn bei Ella zu besuchen. Deshalb war ihr Verhalten oft kühl und distanziert zu Ella – und dies brachte ebenfalls des Öfteren einen Missklang auch in die neue Paarbeziehung.

In diesen Fällen ziehen die Kinder ganz andere Grenzen als das neue Paar. Für sie gehören die leiblichen Eltern nach wie vor »eigentlich« zusammen, und der jeweils hinzugekommene Erwachsene hat für sie »eigentlich« hier nichts zu suchen. Hingegen tendieren die neuen Partner aufgrund ihrer noch unverbrauchten Liebe dazu, die Grenzen um sich als Paar ganz eng zu ziehen und die jeweils eigenen Kinder so mit herein zu nehmen, als gäbe es die »alten« Familien nicht mehr. Dies ergibt manchmal ein Grenzen-Chaos, das heftige Konflikte kreiert und auch die Liebe des neuen Paares gefährlich verletzen kann.

Wie können hier »Grenzen für die Liebe« richtig gezogen werden? Das Erste ist wohl: Es braucht große wechselseitige

Toleranz. Hermann musste sich immer wieder sagen: Wenn Ella und Sohn Max innig zusammen sind, stehe ich außerhalb – und das ist in Ordnung so! Diese Nähe werde ich – jedenfalls in der ersten Zeit, und wahrscheinlich überhaupt, – nie zu ihm haben. Und wenn Hermanns Kinder ihn besuchten, war Ella herausgefordert zu akzeptieren, dass dann nahezu nur Hermann für sie existierte, und sie, Ella, sehr viel kühler von ihnen begrüßt wurde. *Du mit deinen Kindern, ich mit meinen Kindern*: Das sind zwei unterschiedliche »Systeme«. Sie berühren sich, aber ihre Grenzen dürfen nicht miteinander vermischt werden, indem der Anspruch erhoben wird, die »Stiefeltern-Teile« müssten für die Kinder genauso wichtig sein wie die leiblichen Eltern. Auch wenn der Stiefeltern-Teil sich deshalb manchmal »draußen« fühlt, ist es angemessen, dass er dies als die »richtige Ordnung« der Dinge ansieht und es mit Toleranz akzeptiert.

Diese Toleranz aufzubringen, fällt immer wieder schwer. So erlebten wir es besonders ausgeprägt in einer anderen Stieffamilie:

Hier war die zweite Frau des Mannes oft sehr eifersüchtig auf dessen Tochter und inszenierte deshalb heftige Konflikte mit ihm. Sein Anteil daran war es, dass er sich als Vater dieser Tochter gegenüber tatsächlich zu wenig abgrenzte – wohl aus schlechtem Gewissen ihr gegenüber wegen der Trennung. Aber für die Frau war es in diesem Fall auch aus eigenen persönlichen Gründen besonders schwierig, tolerant zurückzutreten und Vater und Tochter ihre Gemeinsamkeit pflegen zu lassen: Sie war in ihrer Herkunftsfamilie die Lieblingstochter, die »Prinzessin« ihres Vaters gewesen. Sie war es deshalb gewohnt, immer die Nummer eins, die am meisten Geliebte zu sein. Darum konnte sie es jetzt ihrem Mann gegenüber nicht ertragen, wenn ihm manchmal die Tochter wichtiger zu sein schien als sie. Immer wenn sie diesen Eindruck hatte, war in der Beziehung höchste Alarmstufe …

Zweitens: Das neue Paar soll sich erlauben, sich genügend Zeit für seine Liebe zu zweit zu nehmen, um diese zu festigen und zu pflegen. Kommen wir hier wieder zurück zu unserem ersten Beispiel von Hermann und Ella: Für Ella heißt das, dass sie sich auch manchmal von Max sehr klar abgrenzen soll, um gemeinsame Zeit mit Hermann zu haben, und es bedeutet für Hermann, dass er nicht gerade jedes Wochenende die Kinder zu Besuch haben will und so kaum einmal etwas länger Zeit für Ella aufbringen kann. Hier ist wieder das Ziehen klarer Grenzen gegenüber den Kindern im Interesse der neuen Beziehung gefragt. Beides – die Pflege der neuen Beziehung und die Pflege der Beziehung zu den jeweiligen Kindern – müssen zu einem Ausgleich gebracht werden.

Dies geht übrigens nach vielen Erfahrungen dann am besten, wenn das neue Paar nach dem Grundsatz lebt: *»Nicht zu früh zu nah zusammen!«* Hätten Hermann und Ella sich etwas Zeit gelassen mit dem Zusammenziehen, und hätte Hermann zunächst eine Bleibe für sich allein gewählt, hätte ihnen das folgende Vorteile gebracht: Beide hätten über längere Zeit einen Bereich – die Wohnung Hermanns – gehabt, wo sie sich ungestört treffen und ihre Partnerliebe hätten pflegen können. Die jeweiligen Kinder wären hier »draußen« geblieben und kein Störfaktor gewesen. Und: Beide hätten die Möglichkeit gehabt, die Kinder des anderen allmählich kennenzulernen und langsam Kontakt zu ihnen zu bekommen. Das erleichtert alles Weitere sehr. Die Grenzen zu den bisherigen Familien werden gewahrt und die Grenzen des neu entstehenden Gebildes werden gefestigt und können allmählich ins Bewusstsein aller treten.

Ein gutes Beispiel dafür ist eine uns bekannte Patchworkfamilie: Hier haben die neuen Partner nach ihrer Hochzeit noch 2 Jahre lang getrennt gelebt. Sie zogen erst zu dem Zeitpunkt zusammen, als die Kinder der Frau das Haus verlassen hatten. Dadurch vermieden sie viele Reibungsflächen, und die Kinder und der neue Partner hatten ausreichend Zeit, sich allmählich näher kennen – und schätzen – zu lernen! Wenn zwei sich lieben, ist der Wunsch, möglichst nah zusammen zu sein natürlich verständlich, er entspricht ja der Grundtendenz der Liebe nach Vereinigung. Hier jedoch die Grenzen zu beachten und zu wahren, die durch die Patchworksituation gegeben sind und die durch diese verständliche Tendenz sehr leicht verletzt werden, ist eine wesentliche Aufgabe für das Gelingen des neuen Zusammenlebens.

»Wechsel-Modell« und »Nestmodell«

Das Modell des Zusammenlebens, nach dem die bisher als Beispiele angeführten Patchworkfamilien leben und das wohl auch am häufigsten praktizierte, wird in der Juristensprache als »Wechsel-Modell« bezeichnet. Hier pendeln die Kinder zwischen ihren getrennt lebenden Elternteilen und in unterschiedlichen zeitlichen Abständen hin und her.

Bei einem anderen und derzeit (noch) sehr selten gelebten Modell, dem sogenannten »Nestmodell« (Herpell, 2012), verhalten sich die Eltern wie Vögel, die abwechselnd zum Nest fliegen, um ihre Jungen zu füttern. Das heißt: Die Kinder bleiben in der ursprünglichen elterlichen Wohnung. Die getrennten Eltern leben mit oder ohne ihre neuen Partner außerhalb und kommen nach einem festen, miteinander vereinbarten Plan abwechselnd zur Betreuung der Kinder in die frühere Wohnung zurück. Dieses Modell wird für eine gewisse Übergangszeit so gelebt, bis sich die neuen Beziehungskonstellationen eingespielt haben und andere Möglichkeiten des Zusammenlebens praktikabler erscheinen.

Dadurch tragen die Eltern die Hauptlast der Trennungskonsequenzen, während die Kinder in ihrer alten Umgebung bleiben können und ihre früheren Kontakte und Lebensbereiche behalten. Ein weiterer Vorteil dieses Modell besteht darin, das sich die neuen Beziehungen der früheren Partner in der »kinderfreien« Zeit unbeschwerter entfalten und entwickeln können. Die Reibungsflächen, die durch die Anwesenheit der Kinder des jeweils anderen Partners entstehen, fallen hier weg. Außerdem bekommen die Kinder so die Möglichkeit, die neuen Partner von Vater und/oder Mutter allmählich kennenzulernen, ohne gleich mit ihnen im selben Haushalt zusammenleben zu müssen.

Dieses Modell verlangt natürlich ein hohes Maß an Kooperationsbereitschaft des getrennten Eltern-Paares. Dies mag ein Grund dafür sein, dass es noch sehr selten praktiziert wird. In den wenigen Fällen, denen wir bisher begegnet sind, haben die Beteiligten aber damit recht positive Erfahrungen gemacht. Dies liegt wohl daran, dass bei diesem Modell die Grenze um das nach wie vor bestehende Eltern-Kind-System der alten Familie sehr deutlich gewahrt bleibt und andererseits genügend Raum für ein konfliktfreies Sich-Einspielen der neuen Paar-Konstellationen entsteht.

Die »alte« und die »neue« Familie

Das neue Paar hat aufgrund seiner vorausgehenden gescheiterten Ehen den verständlichen Wunsch nach einem echten Neuanfang. Dabei wird oft nicht beachtet, dass durch die jeweiligen Kinder die »alten« Familien nicht einfach aufhören zu existieren. Mit anderen Worten und an unserem Familien-

Beispiel Hermann und Ella anknüpfend: Dadurch, dass die Kinder von Hermann und der Sohn von Ella zur neuen Familie dazugehören, bleiben auch die Ex-Frau von Hermann, Vera, und der Ex-Mann von Ella, Horst, mit dieser neuen Familie verbunden – ob die einzelnen Personen auf der bewussten Ebene es so wollen oder nicht. Konkret zeigt sich das ja darin, dass – jedenfalls so lange die Kinder noch kleiner sind – immer wieder auch Absprachen mit den getrennten Partnern getroffen werden müssen, man also mit ihnen immer wieder sehr konkret »zu tun« hat.

Darum sind auch die Regelungen bezüglich Sorge- und Aufenthaltsrecht sowie Finanzen im Zusammenhang mit den Scheidungen von so großer Bedeutung, denn sie schaffen die Grundlage für etwas, das jetzt die zentrale Aufgabe für alle Beteiligten, jedenfalls für die erwachsenen Beteiligten, sein wird: friedliche Ko-Existenz zu realisieren statt Konkurrenz oder Abbruch. Oder mit unserem Grenzen-Konzept ausgedrückt: Klare und gleichzeitig flexibel-durchlässige Grenzen zwischen den Teilsystemen zu schaffen.

Dies ist vor allem ein existenzielles Interesse der jeweiligen Kinder: Durch ihre auch biologisch grundgelegte Verbundenheit mit den getrennt lebenden leiblichen Elternteilen werden sie nur so eine gute Basis für ihre weitere Entwicklung haben. Natürlich heißt das nicht, dass dann, wenn eine solche friedliche Koexistenz nicht gelingt, die Kinder auf jeden Fall schwere Schäden davontragen und in ihr Unglück rennen müssten. Es gibt ja auch noch andere unterstützende Faktoren, die Kinder in ihrem Leben nutzen können. Aber generell kann man wohl sagen: Kinder, die eine ständig konflikthafte Patchworkfamilien-Situation erleben, haben es in ihrem Aufwachsen schwerer als Kinder, deren Eltern und Stief-Eltern dafür sorgen, dass die jeweiligen Grenzen zwar klar bleiben, aber durchlässig gestaltet sind, sodass es ihnen möglich ist, weiterhin Kontakt zu *beiden* leiblichen Elternteilen zu halten. Im Einzelnen betrifft das jene Bereiche und »Subsysteme«, die wir im Folgenden besprechen werden:

Der/die »Neue« und die Kinder

Immer wieder muss das neue Paar im Interesse der Klarheit der Grenzen und der friedlichen Koexistenz die Tatsache realisieren: Der neue Partner/die neue Partnerin kann niemals – und muss auch nicht – Vater/Mutter der Kinder des anderen sein. Das heißt mit anderen Worten: Zuständig für die Kinder bleiben die jeweiligen leiblichen Eltern, auch wenn sie als Paar getrennt sind. Die Unterscheidung zwischen Eltern-Ebene und Paar-Ebene wird hier sehr konkret aktuell. Dem tragen in den letzten Jahren auch die Gerichte Rechnung, indem sie in der Regel, wenn nicht massive Gründe dagegen sprechen, ein gemeinsames Sorgerecht erlassen. Für den/die »Neue/n« heißt das: In Bezug auf die Kinder des anderen halte ich mich aus der Erziehung so weit wie möglich raus. Die Erziehungsverantwortung, das »Sagen«, hat allein der Partner, der leiblicher Elternteil ist.

Nicht selten ist das schwierig. Der neue Partner/die neue Partnerin wird oft vom anderen als der »bessere« Vater/die »bessere« Mutter herbeigesehnt und oft auch in diese Rolle hineingelockt. Oder der »Neue« möchte sich selbst dadurch beweisen, dass er der »Bessere« gegenüber dem »Ex« ist. Hermann stand immer wieder in der Gefahr, ein toller Vater für Ellas Sohn Max sein zu wollen, indem er ihm einerseits großzügige Angebote machte, sich andererseits aber auch durch häufige Anweisungen in die Erziehung einmischte. Nicht zuletzt deshalb, weil er dadurch Punkte bei Ella sammeln wollte und frühere Frustrationen vergessen machen wollte. Ihr Exmann Horst nämlich hatte sich als Vater kaum engagiert und die Erziehung vollständig ihr überlassen.

Umgekehrt war es ähnlich: Wenn Hermanns Kinder am Wochenende zu Besuch waren, bestand immer wieder die Gefahr, dass sich Ella in alles Mögliche einmischte, anstatt es Hermann zu überlassen. Und der »lockte« sie hinein, indem er seinen Kindern aus schlechtem Gewissen wegen der Trennung allzu viel durchgehen ließ und wenig Anpassung an die neue Situation mit Ella und Max verlangte. Die Folge davon war, dass beide sich immer wieder auf die Seite ihrer jeweiligen Kinder stellten, sie vor dem anderen in Schutz nehmen wollten und so in heftige Konflikte miteinander gerieten.

Angeregt durch die therapeutischen Gespräche begannen sie, folgenden Grundsatz zu realisieren: Für Max ist seine Mutter Ella zuständig, und für Marian und Anna ist es Vater Hermann. Natürlich kann und soll Ella auch Hermann mal ihre Meinung sagen, wenn ihr auf die Nerven geht, wie er am Wochenende mit seinen beiden Kindern umgeht, und natürlich kann sie gegenüber den Kindern von Hermann auch die Regeln vertreten, die in der neuen Familie gelten. Aber »elterlich« durchsetzen muss diese Hermann, genauso wie dies Ellas Aufgabe gegenüber Max ist.

Halten sich »Stief«-Eltern nicht an diese Regel, sind Konflikte vorprogrammiert: Die Kinder rebellieren. Wenn sie beim andern Elternteil leben und »nur« zu Besuch da sind, wollen sie nicht mehr kommen. Das neue Paar gerät sich in die Haare, weil man sich dann doch mit den eigenen Kindern gegen den Partner solidarisiert …

In diesem Zusammenhang hat sich ein Grundsatz im Umgang mit den Stief-Kindern für die neu dazugekommenen Partner sehr bewährt. Er lautet: Ich kann ein erwachsener Freund/eine erwachsene Freundin der Kinder sein, aber niemals deren Vater oder Mutter. Und deshalb gilt für mich: *Be-ziehung statt Er-ziehung!* Das heißt: Erst auf der Grundlage einer positiv gefestigten, »freundschaftlichen« Beziehung zu den Kindern, kann ich auch quasi elterlich aktiv werden. Vor allem wenn die Kinder noch kleiner sind und im gemeinsamen Haushalt leben oder regelmäßig zu Besuch kommen, bewährt sich dieser Grundsatz sehr. Er entlastet einerseits den dazugekommenen Partner und andererseits kann er auf diese Weise auch eine wichtige »elterliche« Bezugsperson für die Kinder des Partners werden, ja sogar ein wichtiger »Resilienz-Faktor«, das heißt, dass er manches, was den leiblichen Eltern nicht so gut gelungen ist, auf seine Weise zu korrigieren und zu kompensieren imstande ist. Dadurch kann er eine echte Bereicherung im Leben der Kinder werden – aber eben nicht auf der Basis der Konkurrenz zum getrennten leiblichen Elternteil, sondern auf der einer Freundschaft zum Kind.

Äußerlich kommt dieser Unterschied zum getrennten leiblichen Elternteil zum Ausdruck dadurch, dass sich die neu dazugekommenen Partner niemals mit »Vati« oder »Mutti«, »Papa« oder »Mama« ansprechen lassen sollten, auch wenn das manchmal sogar von den Kindern so gewollt und gemacht wird, wahrscheinlich als ein Versuch von ihnen, die komplizierte Situation zu vereinfachen. Indem die dazugekommenen Partner sich mit Vornamen anreden lassen, machen sie für die Kinder diese wichtige Unterscheidung deutlich.

Der getrennte Elternteil und seine Kinder

Die genannte nötige Unterscheidung von Paar- und Eltern-Ebene bedeutet, dass die Eltern-Ebene erhalten bleibt, auch wenn die früheren Partner auf der Paar-Ebene getrennt sind. Das bedeutet Unterschiedliches. Es heißt erstens, dass die Kinder konkreten Kontakt zum getrennt lebenden leiblichen Elternteil haben sollen, und zwar regelmäßigen und ausreichenden, das heißt so viel, dass sie mit ihm auch ein Stück gemeinsames Leben teilen. So verbringen in unserer Beispiel-

Familie Marian und Anna jedes zweite Wochenende bei Vater Hermann in dessen »neuer« Familie, und auch Max geht regelmäßig zu seinem Vater Horst und seiner Freundin Rita. Damit dies von den Kindern mit freiem Herzen vollzogen werden kann, braucht es das innere »Ja« von den Elternteilen, die die Kinder zu den getrennten Partnern gehen lassen. Sonst geraten sie sehr leicht in einen Loyalitätskonflikt.

So ließ Ella ihren Max zwar regelmäßig Vater Horst besuchen, ließ aber durch abfällige Bemerkungen immer wieder durchklingen, dass sie dessen Einfluss auf den Sohn nicht gut hieß. Kinder erfassen derartiges intuitiv und geraten dadurch emotional in die Zwickmühle: Einerseits wollte Max zu seinem Vater, andererseits wollte er aber auch der Mutter keine Sorgen machen. Manchmal versuchen Kinder solche Loyalitätskonflikte dadurch zu lösen, dass sie plötzlich »von sich aus« nicht mehr zum getrennt lebenden Elternteil gehen wollen und berauben sich so dieses für ihr Aufwachsen so wichtigen Kontaktes.

Zweitens heißt »Unterscheidung von Paar- und Eltern-Ebene« hier, dass der getrennt lebende Elternteil vom neuen Paar weiterhin als Vater/Mutter der leiblichen Kinder wirklich anerkannt werden muss. Das heißt vor allem, dass ihm weiterhin elterliches Mitsprache-Recht in Bezug auf die Kinder eingeräumt wird, indem er in die Planungen und Entscheidungen, welche die gemeinsamen Kinder betreffen, mit einbezogen und – wenn irgend möglich – Konsens mit ihm hergestellt wird.

Drittens heißt das aber natürlich auch, dass er, der getrennte leibliche Elternteil, sich nicht »verabschiedet« auf Nimmerwiedersehen, etwa in der Illusion, nach der gescheiterten Ehe ein »ganz neues Leben« beginnen zu wollen. Der leibliche Elternteil darf nicht ausgeklammert werden, sich aber auch nicht selber ausklammern – vor allem im Interesse der Kinder, aber auch im Interesse der Erwachsenen: Der frühere Lebensabschnitt, auch wenn er mit einer Art Misserfolg endete, ist ein Bestandteil des eigenen Lebens. Er gehört deshalb integriert und nicht illusorisch ausgeblendet. Dies kommt allen Beteiligten zugute.

Wenn die Patchworkfamilie nach dem »Wechselmodell«, nicht nach dem »Nest-Modell« lebt (siehe oben), wie das ja häufig der Fall ist, bedeutet das Gesagte aus der Perspektive der betroffenen Kinder: Sie haben einen klaren »Lebens-Mittelpunkt«, in unserem Fall: Max bei Ella (und Hermann), Marian und Anna bei ihrer Mutter Vera. Dies ist wichtig, damit sie hier auch ihr eigenes Leben mit vertrauten Plätzen und Einrichtungen für die Freizeit, vertrauten Freunden und Kontaktpersonen haben. Ein ständiges rasches und kurzfristiges Hin und Her zwischen beiden Elternteilen widerspricht dem in der Regel, es sei denn, die getrennten Eltern leben so nah zusammen, eventuell sogar noch im selben Haus, dass die Kinder sowohl bei dem einen wie bei dem anderen in ihrer gewohnten Umgebung bleiben. Dies entspricht jedoch meist nicht den Lebensbedürfnissen der jeweiligen Eltern und kann darum kaum als Regel gelten.

Es kann zudem durchaus auch als ein Element von Lebensqualität für die Kinder gewertet werden, wenn sie den getrennten Elternteil besuchen: Hier ist Abwechslung, Neues, hier gibt es andere Kontaktpersonen, neue »Attraktionen«. Getrennte Eltern, vor allem Väter, sagen häufig von sich: »Seit ich nicht mehr mit den Kindern zusammenlebe, sondern sie nur am Wochenende habe, bin ich ganz anders für sie da, viel bewusster, viel bezogener!« Dies kommt den Kindern natürlich zugute, freilich unter einer Voraussetzung: Dass der getrennte Elternteil nicht meint, er müsste einen Riesen-Event aus jedem Kinder-Aufenthalt bei sich machen, mit einem völlig unrealistischen Aufwand und ausgefallenen Unternehmungen. Dies geschieht in der Regel ja nur aus schlechtem Gewissen wegen der Trennung, dient also gar nicht dem Interesse der Kinder, sondern lediglich der eigenen Beruhigung.

Außerdem sind hier auch für den getrennten Elternteil zwei Grundsätze wichtig: Der eine lautet: »Beziehungsqualität geht vor Beziehungsquantität.« Das heißt: Selbst wenn er die Kinder nicht in kürzest möglichen Abständen sieht, ja sogar, wenn es größere zeitliche Abstände des Wiedersehens gibt: Entscheidend ist die Gestaltung dieser Zeit und die Qualität seines Kontakts zu den Kindern, nicht der äußere Aufwand, den er treibt. Damit hängt unmittelbar der zweite empfehlenswerte Grundsatz zusammen: »Wichtiger als die Häufigkeit ist die Regelmäßigkeit des Kontakts.«

Stief-Geschwister

Wir haben in den vorausgehenden Kapiteln die Wichtigkeit und Eigenständigkeit des »Geschwister-Subsystems« betont. Dies gilt natürlich auch für die Patchwork-Situation. Allerdings müssen auch hier wiederum die spezifischen Grenzen beachtet werden: Es wäre zum Beispiel ein sinnloses und schädliches Unterfangen, von Max zu verlangen, dass er die Kinder von Hermann von vornherein als »Geschwister« betrachtet. Zunächst sind sie nichts anderes für ihn als »Fremde«. Natürlich ist der Wunsch der Erwachsenen verständlich, dass sie sich verstehen und einander so vertraut werden wie Geschwister. Dies gäbe ihnen ja wieder das schöne Gefühl, eine »vollständige«, »richtige« Familie zu sein. Aber es entspricht nicht der Realität.

Es kann sein, dass sich die Kinder der jeweiligen Partner interessant finden und mit der Zeit gute Beziehungen aufbauen, freundschaftliche oder auch wie ältere zu jüngeren Geschwistern, aber es kann auch sein, dass sie trotz aller Bemühungen des neuen Paares einfach nichts miteinander anfangen können. Dann wird es wohl so sein müssen – im Blick auf unser Beispiel gesprochen –, dass an dem Wochenende, an dem Marian und Anna ihren Vater Hermann besuchen, dieser etwas mit ihnen allein, und in dieser Zeit Ella mit ihrem Max allein etwas unternimmt, und beide dieses Getrennt-Sein im Interesse ihrer Kinder akzeptieren …

In unserem Beispiel ist es so, dass Hermann und Ella auch noch ein gemeinsames Kind, die kleine Livia, haben. Viele Patchwork-Eltern verzichten auf eigene Kinder, oft deshalb, weil sie dies den Kindern aus ihren ersten Ehen nicht zumuten wollen. Und zweifellos ist es häufig so, wie Hermann und Ella es bei ihren Kindern festgestellt haben: Dass die Ankunft von Livia ihre Kinder, vor allem die »nur« zu Besuch kommenden von Hermann, deutlich verunsicherte: »Werden wir dann noch für Papa interessant sein? Wird er dann noch für uns Zeit haben?«

Solche Gedanken und damit verbundene Gefühle lassen sich immer wieder feststellen. Dennoch ist auch zu sagen: Das gemeinsame Kind in der Patchworkfamilie kann auch viel Positives auslösen. Es schafft eine zusätzliche und sehr tiefe neue Verbindung auf der Paar-Ebene: Nun verbindet die beiden auch das gemeinsame Eltern-Sein. Das ist für sie zweifellos ein Zugewinn. Die Verbindung durch die kleine Livia bewirkte auch bei Hermann und Ella ein starkes Gefühl der Zusammengehörigkeit und verhinderte wahrscheinlich, dass die immer wiederkehrenden Konflikte, derentwegen sie in die Therapie gekommen waren, vorher schon zu einer Trennung geführt hätten.

Aber auch für ihre Kinder kann es eine Bereicherung bedeuten, wenn sie die Erfahrung machen, dass sie für ihre Eltern noch genauso wichtig sind wie vorher. Die Kinder von Hermann zum Beispiel fanden es sehr rasch ziemlich interessant, dass da nun noch ein kleines Baby war, dem gegenüber sie jetzt »die Großen« sein konnten. Das gefiel ihnen ausgesprochen gut und weckte vor allem in Anna sehr bald »mütterliche« Gefühle. Sie nahm sich der Kleinen begeistert an, wenn sie die Wochenenden in der Vater-Familie verbrachten. Dies ist für uns ein Grund, Patchwork-Paare durchaus zu ermutigen, wenn sie mit dem Gedanken spielen, auch noch ein *gemeinsames* Kind zu haben, sich aber aus den erwähnten Gründen nicht trauen, diesen Wunsch zu realisieren.

Das »alte« Paar

Das bisher Gesagte zu realisieren, gelingt dann am besten, wenn das frühere und jetzt getrennte Paar zu einem einigermaßen entspannten Verhältnis zueinander gefunden hat. In letzter Zeit begegnen uns zwar etwas häufiger getrennte Partner, bei denen die Trennung im gegenseitigen Einvernehmen und im Großen und Ganzen friedlich verlaufen ist. Der häufigere Fall aber ist immer noch, dass die Konflikte, die zur Trennung geführt haben, Schmerzen, Wunden, Wut aufeinander und phasenweise Rachegefühle verursacht haben.

Die Gefahr ist hier sehr groß, dass diese Gefühle unkontrolliert in die Auseinandersetzungen um Finanzen und Kinder einfließen und die Argumentation dafür oder dagegen steuern. Wegen dieser emotionalen Aufladung ist es in dieser Phase des Aushandelns der äußeren Regelungen, die für alles Weitere sehr entscheidend sind, ganz besonders schwierig und zugleich wichtig, die Paarbeziehung, die aufgelöst wird, und die Elternbeziehung, die bestehen bleibt, klar voneinander zu unterscheiden.

So lange Partner in der Haltung agieren, sie müssten gegen den anderen gewinnen und ihn zum Verlierer machen, vermischen sie permanent beide Ebenen miteinander, verhindern eine wirkliche Auflösung des Paar-Systems und zerstören die gemeinsame Eltern-Ebene. So sind deshalb im Endeffekt beide

Verlierer, und das wird zum Schaden der Kinder. Denn auf der Gewinner-Verlierer-Basis wird keine kooperative Elternschaft möglich. Die Kinder werden darunter leiden und sich ständig im Solidaritätskonflikt zwischen den beiden Eltern fühlen.

Weil es für die meisten Paare so schwer ist, nicht in dieses Gewinner-Verlierer-Muster hineinzugeraten, sollte es hier die Regel sein, die heutigen Möglichkeiten der Mediation in Anspruch zu nehmen. Denn der Mediator kann schon allein durch die größere Distanz, die er zu den Partnern und zum ganzen Geschehen hat, viel deutlicher sehen, was für alle Beteiligten die relativ beste Lösung ist und welche Regelung den Kindern am meisten zugute kommt.

Wenn eine vernünftige, vielleicht sogar gute äußere Regelung für Finanzen und Kinder-Umgang gefunden ist, ist die Sache damit aber noch lange nicht erledigt. Die frühere Paar-Ebene, die ja in den Gefühlen, auch in den hasserfüllten, bei den beiden immer noch vorhanden ist, muss immer wieder klar abgegrenzt werden von der Eltern-Ebene, um die nötige Kooperation im Hinblick auf die Kinder zu ermöglichen. Viel ist schon erreicht, wenn es den Eltern gelingt, ihre ins Negative gekehrten Paar-Gefühle dem Partner gegenüber so weit im Zaum zu halten, dass sie auf eine sachlich-nüchterne Weise die nötigen Absprachen hinsichtlich der Kinder treffen können, ohne in neue Streitigkeiten zu geraten. Wenn dazu kommt, dass es zudem gelingt, den Kindern gegenüber nichts Negatives über den getrennt lebenden Elternteil zu äußern und ihnen zu zeigen, dass es auch im Sinn des anwesenden Elternteils ist, wenn die Kinder den anderen Elternteil besuchen, ist ein weiterer wichtiger Schritt der Unterscheidung beider Ebenen getan, der die Kinder spürbar entlastet und ihnen beide Elternteile erhält.

Am besten allerdings gelingt das Gesagte dann, wenn es das ehemalige Paar auch noch schafft, zu einer echten Aussöhnung zu kommen. Echte Aussöhnung wird natürlich in aller Regel nicht heißen, dass die beiden wieder ein Paar sein wollen. Es heißt vielmehr: Auch bei weiter bestehender klarer Trennung dem anderen nichts mehr nachzutragen, ihn nicht mehr mit Rachegefühlen und Rache-Taten zu verfolgen und so seinen Frieden mit ihm zu finden.

Eine solche Aussöhnung gelingt durch Verzeihen, und wenn dieses wechselseitig erfolgt, ist es eine besonders gute Grundlage, die gesamte Situation zu befrieden und eine gedeihliche Situation zu schaffen – nicht allein für die Kinder, sondern auch für alle betroffenen Erwachsenen. Eine unversöhnt gebliebene gescheiterte Liebesbeziehung beschwert auch ihr Leben, es ist eine Last, die sie weiter mit sich herumschleppen. Wenn das Verzeihen dagegen gelingt, wirkt es in der Regel wie eine große Befreiung.

Dieses Verzeihen wird sehr erleichtert, wenn auch der eigene Anteil am Scheitern der früheren Beziehung gesehen und eingestanden wird. Dazu ist es wichtig, nicht immer nur diesen eigenen Anteil mit dem des anderen zu »verrechnen«: »Ich habe ja so handeln müssen, weil er/sie vorher schon dies oder jenes getan hat …« Verzeihen verlangt Verzicht auf das Aufrechnen, es bedeutet »Loslassen«: Loslassen der Vorwurfshaltung, Loslassen der Rachegefühle, Loslassen des Rechtfertigungsdrucks. Erst wenn dieser Verzicht geleistet ist, wird die Bindung zum getrennten Partner endgültig aufgelöst, denn auch negative Gefühle halten Bindung aufrecht.

Gelingt dieser letzte Schritt der Loslösung beiderseits, kann es sogar möglich werden, freundschaftliche Beziehungen mit dem ehemaligen Partner zu pflegen, was sich nicht selten darin ausdrückt, dass auch gewisse Feste, wie runde Geburtstage und dergleichen, mit allen Angehörigen der Patchworkfamilie, also auch mit den früheren Partnern, zusammen begangen werden können.

Eine solche Aussöhnung wird sicher nicht immer möglich sein. Sie wird vor allem nicht unmittelbar nach der Trennung möglich sein. Es braucht meist einige Jahre, bis die getrennten ehemaligen Partner innerlich dazu in der Lage sind. Aber wenn es geschieht, ist dies ohne Zweifel ein großer Vorteil für das Wohlbefinden aller. Die Grenzen zwischen den einzelnen Teilsystemen können dann meist mühelos auf klare Weise gewahrt bleiben und gleichzeitig werden sie flexibel und durchlässig gestaltet. Jeder hat dann seinen Platz im System und fühlt sich andererseits von niemandem ausgeschlossen.

Feste feiern in der Patchworkfamilie

Der kritische Testfall, ob es Familien gelingt, ihrem Patchwork-Charakter auf gute Weise gerecht zu werden, sind zweifellos die anfallenden Familienfeste. In Therapien erfahren wir immer wieder von den Paaren, wie viel Unsicherheiten und konflikthafte Verwirrungen in diesem Zusammenhang entstehen. Vor allem dann, wenn eines der Kinder Anlass für die Feier ist und deshalb im Mittelpunkt des Festes steht, sind in erster Linie sie es, die sich wünschen, dass ihre Verbindungen zu beiden Teil-Familien präsent sein und zur Geltung kommen dürfen. Für die ehemaligen Partner wird dies oft zu einer großen Herausforderung, die sie besonders stark mit der Frage konfrontiert, ob ihnen die beschriebene »friedliche Koexistenz« oder sogar ein Schritt in Richtung echter »Versöhnung« gelungen ist. Zugleich sind solche Feste natürlich auch eine gute Gelegenheit, konstruktive Grenzsetzungen »für die Liebe« zu reflektieren und zu praktizieren. Darum wollen wir in diesem, das Patchwork-Kapitel abschließenden Abschnitt noch etwas ausführlicher darauf eingehen.

Zunächst wenden wir uns *sich wiederholenden Festen* zu,

die für die Kinder eine besondere Bedeutung haben, nämlich *Weihnachten und Kindergeburtstage.* Weihnachten ist bei uns immer noch das Familienfest schlechthin, und das Fest, bei dem sich alles um die Kinder, vor allem die jüngeren, dreht. Eine ganz besondere Bedeutung hat daneben auch der jährliche Kindergeburtstag, denn hier geht es ja ganz konkret um das eine Kind, das an diesem Tag geboren wurde. Natürlich wünschen sich die Kinder in aller Regel deshalb sehr dringend, dass sie diese Anlässe mit Mutter und Vater feiern können. Das ist die eine Seite. Die andere ist aber die der getrennten Eltern: Wenn sie diesem Wunsch zu schnell und vollständig nachzukommen versuchen, können sie sich leicht maßlos überfordern, wenn dieses »Miteinander« nicht oder noch nicht ihrer emotionalen Haltung zueinander entspricht, weil noch viel Kränkung und Ungeklärtes zwischen ihnen steht.

Und abgesehen davon: Weihnachten und Kindergeburtstage jedes Jahr wieder als »alte Familie« und genauso wie früher zu feiern, würde auch etwas vortäuschen, was es in der Realität nicht mehr gibt, abgesehen davon, dass dann die neu hinzugekommenen Partner jedes Jahr ausgeschlossen wären. Es entstünde eine illusionäre und zudem höchst konfliktträchtige Situation. Die konkreten Erfahrungen betroffener Paare in dieser Richtung sprechen diesbezüglich eine deutliche Sprache.

Natürlich muss hier jede Patchworkfamilie eine eigene und ihrer spezifischen Situation angemessene Lösung finden. Was sich bei vielen Familien mit kleineren Kindern bewährt hat, möchten wir an zwei Beispielen erläutern. In der einen Familie besuchten die Kinder unmittelbar vor Heilig Abend ihren außerhalb lebenden Vater. Dieser fuhr dann mit ihnen zu seinen Eltern, also zu den väterlichen Großeltern der Kinder, und dort wurde miteinander Weihnachten gefeiert. Einen oder zwei Tage darauf kamen die Kinder wieder zur Mutter und feierten mit deren Partner zusammen ein zweites Mal das Fest – ebenfalls mit Lichterbaum, Weihnachtsliedern und Geschenken. Im andern Fall feierten die Kinder, die ebenfalls im Alltag bei der Mutter lebten, mit ihr und ihrem neuen Partner Heilig Abend. Der Vater der Kinder verbrachte diesen Abend bei sich und mit seiner neuen Frau, anderntags fuhr er die Kinder von der Mutter holen, und feierte am Tag nach Heilig Abend mit ihnen ein zweites Mal Weihnachten. In beiden Fällen gefiel das den Kindern ausgesprochen gut, denn das Feiern hatte sich für sie verdoppelt und sie hatten beide Eltern für sich, nicht am selben Abend, aber doch zeitlich eng zusammen. Diese Abfolge hatte sich bald als selbstverständliches »Ritual« eingespielt und tat der Freude der Kinder keinen Abbruch.

Beiden Vorgehensweisen ist gemeinsam, dass beide Elternteile das Fest mit den Kindern feiern, ohne sich aber durch gemeinsame Anwesenheit am selben Abend emotional zu überfordern. Natürlich gibt es hier auch noch andere gute Möglichkeiten, deren Aufzählung unseren Rahmen sprengen würde. Wichtig ist in jedem Fall, dass das getrennte Elternpaar im Gespräch immer wieder solche Regelungen überprüft und den sich verändernden Bedürfnissen der Erwachsenen und der heranwachsenden Kinder anpasst.

Ähnliche Regelungen haben sich auch für die *Kindergeburtstage* bewährt. Man feiert mit dem Kind einmal da, wo es seinen Lebensmittelpunkt hat und zeitnah ein zweites Mal bei dem Elternteil, der getrennt lebt. Dies gewährleistet viel eher eine entspannte Situation als ein erzwungenes Miteinander, das wegen seiner Unechtheit und Verkrampftheit, die sich nicht selten bei Kleinigkeiten in heftigen Konflikten entlädt, die Kinder schwer belastet.

Die Familiengrenzen werden auf diese Weise richtig gezogen: Die Realität der beiden getrennten Familienteile wird nicht geleugnet, sondern man wird ihr durch das zweimalige Feiern gerecht, aber die Grenzen bleiben flexibel und durchlässig, weil die Kinder ja in beiden Systemen willkommen sind und für diesen Anlass im Mittelpunkt stehen. So überfordern sich auch die Erwachsenen nicht, und damit ist überdies eine gute Voraussetzung gegeben, dass in späteren Jahren vielleicht auch andere Arrangements möglich werden, bei denen die beiden Familienteile enger zusammenrücken und tatsächlich ein Miteinander-Feiern möglich wird.

Etwas anders liegen die Dinge bei *Festen oder besonderen Anlässen, die sich nicht jährlich wiederholen,* sondern nur dieses eine Mal stattfinden, deshalb aber gerade eine ganz besondere Bedeutung für das Kind haben, wie zum Beispiel Erstkommunion, Konfirmation, Einschulung, Schulabschluss und dergleichen. Man kann diese Feste auch nicht »verdoppeln« wie die Weihnachts- oder Geburtstagsfeier mal bei Mama, mal bei Papa. Hier ist das ehemalige Paar herausgefordert, seine bleibende gemeinsame Elternschaft auch nach außen deutlich sichtbar zu zeigen – im Interesse ihres gemeinsamen Kindes.

Folgendes Vorgehen hat sich hier unserer Erfahrung nach bewährt: Die neuen Partner sind zwar anwesend, sie bleiben aber eher im Hintergrund. Die Eltern dagegen kümmern sich beide sichtbar um das Kind und sind in seiner Nähe, sowohl beim Anlass selbst (z.B. bei der Überreichung des Zeugnisses), als auch bei der nachfolgenden Familienfeier: Das Kind sitzt zwischen ihnen, während die neuen Partner, falls sie anwesend sind, anderswo ihre Plätze haben.

Solche äußeren Anordnungen haben emotional eine große Bedeutung: Sie machen jene Grenzen deutlich, die für das Kind wichtig sind und dem Anlass auch durchaus entsprechen. Dabei ist es in dessen Interesse besonders wichtig, dass die Eltern nicht verkrampft und unter innerer Hochspannung agieren. Sie sollten sich – wenigstens bei diesem Anlass – so weit in der Hand haben, dass sie einander einigermaßen entspannt und höflich begegnen können. Für das gemeinsame Kind, das sehr genau wahrnimmt, was zwischen ihnen vorgeht, ist dies gerade bei solchen Anlässen äußerst wichtig, denn derlei Erfahrungen geben ihm das Gefühl, dass es trotz der Trennung beide Teile als Eltern behalten hat. Gerade wenn es diesen noch immer sehr schwer fällt, einander gegenüberzutreten, könnten sie solche Feste auch als eine wichtige und nützliche Übungs-Gelegenheit dafür ansehen.

Aufgrund des besonderen, einmaligen Anlasses tritt hier die frühere Familie stärker in den Vordergrund als bei den sich wiederholenden Festen. Etwas Ähnliches gilt auch bei *Todesfällen* in der Großeltern-Generation, die sich im Laufe der Jahre ereignen werden, und den entsprechenden *Abschiedsfeiern*. Auch hier sind aufgrund des Ereignisses die früheren Familien besonders angesprochen und darum wieder im Vordergrund. Das heißt in diesem Fall: Das Geschehen geht vor allem die leiblichen Enkelkinder und deren jetzt getrennte Eltern an. Diese sind ja einerseits Töchter und Söhne, andererseits auch Schwiegersöhne und Schwiegertöchter der Großeltern, mit denen sie aufgrund der leiblichen Kinder einen wichtigen Teil gemeinsamer Geschichte haben.

Deshalb gehören die getrennten Ehepartner bei einer Trauerfeier für den oder die Verstorbene/n dazu. Die neuen Partner sind dem gegenüber in der zeitlichen Reihenfolge die »Zweiten« und es ist durchaus stimmig, wenn dies auch in der äußeren Anordnung beim Trauerzug oder beim gemeinsamen Trauermahl zum Ausdruck gebracht wird.

Es kann sein, dass von den neu dazugekommenen Partnern solche Familienfeiern wie die zuletzt genannten durchaus als große Herausforderung erlebt werden. Frühere Verbindungen, die noch immer existieren und ihre jetzigen Partner sehr existentiell betreffen, werden bei solchen Gelegenheiten plötzlich wieder präsent. Es kann sein, dass sie sich unwichtig oder zurückgesetzt fühlen, dass ihnen ihre jetzige Verbindung gegenüber der »alten« Familie plötzlich unwichtig, zweitrangig erscheint. Dies verlangt von ihnen nichts Geringeres als die Demut, sich zu sagen: »So ist die Realität, ich bin nicht der/die Erste im Leben meines Partners und ihn verbindet noch vieles mit seinem/seiner Ex, was mit mir nichts zu tun hat … – und diese Kinder haben die tiefere Bindung zu ihrem leiblichen Vater/ihrer leiblichen Mutter, auch wenn ich mich noch so redlich um sie und ihr Wohlergehen bemühe …«

Theoretisch und wieder in Begriffen unseres Grenzen-Konzepts ausgedrückt, wird gerade beim Thema »Feste feiern« besonders deutlich: In der Patchwork-Familie überschneiden sich Eltern- und Paar-Grenzen. Die Subsysteme der »Eltern-Ebene« und der »Paar-Ebene« kommen personell nicht zur Deckung. Dies verursacht verständlicherweise emotional immer wieder Probleme und verlangt immer wieder, ein Stück auf Abstand zu gehen, die Realität zu sehen, zu akzeptieren und sich mit ihr gut zu arrangieren.

Dies wird – vor allem auch für die dazugekommenen Partner – leichter und emotional befriedigender, wenn es den getrennten Partnern gelingt, zu einer echten inneren Aussöhnung miteinander zu kommen. Dann wird es auch immer weniger wichtig, schon rein äußerlich – durch Tischordnung und dergleichen – schon im Voraus die »richtigen« Strukturen zu schaffen. Wer zu wem gehört und in welcher Weise dies der Fall ist (als Elternteil, Partner, leibliches Kind, »Stiefkind« …), bleibt trotzdem selbstverständlich klar, und die Grenzen können flexibler und durchlässiger werden, ohne dass dies irgendwelche Verwicklungen und Kränkungen zur Folge hätte.

Dazu trägt natürlich auch bei, dass die Kinder älter geworden sind, sich an die Besonderheiten der Patchworkfamilie gewöhnt haben und gelassener damit umgehen können. Dies kann dann manchmal auch in Familienfesten, wie zum Beispiel die Feier runder Geburtstage der Eltern-Generation, seinen Ausdruck und seine beglückende Bestätigung finden: So wurde es uns von einer Patchworkfamilie berichtet, in der ein runder, nämlich sechzigster Geburtstag anstand: Hier war es möglich geworden, dass der Jubilar nicht nur mit seinen Kindern und seiner zweiten Frau und deren Kinder feierte, sondern auch seine Ex-Frau mit ihrem Partner und deren gemeinsame Kindern anwesend waren und mitfeierten. Die Stimmung war so gut, dass die Exfrau sogar spontan das Wort ergriff und eine bewegende kleine Rede darüber hielt, welche dauerhafte innere Verbindung über die gemeinsamen Kinder zwischen ihr und dem früheren Ehemann über all die Jahre bestanden hatte.

Hier wurde deutlich, dass die Brüche in der Geschichte dieser Menschen nicht endgültig zu tiefen Gräben geworden waren. Den Beteiligten war es gelungen, Kränkungen zu überwinden und dankbar auf die gemeinsame Geschichte zurückzuschauen, eine Geschichte, die sich so trotz aller Krisen als ein sinnvolles Ganzes darstellte.

Trennungen und Scheidungen sind meist mit viel Bitternis belastet. Wir erhoffen uns so unendlich viel Glück und Erfüllung von Partner-Liebe und Familien-Geborgenheit, dass Bitterkeit, Wut und Enttäuschung, wenn sich diese Hoffnungen nicht erfüllen, immens sind. Darum gehört eine wirkliche Aussöhnung der ehemals Verheirateten nach wie vor wohl zu den eher schwierigeren Lebensaufgaben.

Andererseits ist durch die weitgehende gesellschaftliche Akzeptanz der Scheidung sehr viel Druck gewichen. Gegenseitigen moralischen Schuld-Zuschreibungen wird dadurch weniger Vorschub geleistet. Dies wiederum kann es den ehemals Liebenden erleichtern, ihre Unversöhnlichkeiten zu überwinden. Freilich braucht es dazu den Willen zum Verzeihen. Nur so werden starre Grenzen zwischen den Teilsystemen, die vor allem die Kinder tief verletzen können, überwunden und durchlässig, ohne die neuen Grenzen, die durch die Trennung und Wiederverheiratung entstanden sind, zu verwischen.

6. Kapitel

Wenn die Kinder aus dem Haus gehen (sollten) – unterstützen und herausfordern

Die veränderte Situation

Noch vor wenigen Jahrzehnten – in den Fünfziger- bis Achtziger Jahren des vergangenen Jahrhunderts – war es eher die Ausnahme, dass junge Erwachsene zu Hause gewissermaßen »hängen« blieben und von da nicht wegkamen. Häufig war der Zeitpunkt des Auszugs von ihnen erwünscht oder sogar herbeigesehnt. Sie erlebten es als »höchste Zeit«, nun in ein eigenes Leben zu starten. Das hing zweifellos damit zusammen, dass in diesen Jahren die Generationen-Gegensätze zwischen Eltern und erwachsen werdenden Kindern erheblich größer waren als heute. Die 68er-Generation und ihre Nachfolger hatten oft sehr andere Vorstellungen vom Leben als ihre Eltern, und nicht selten prallten diese Unterschiede heftig aufeinander.

Das hatte zur Folge, dass es nicht selten zu abrupten Abgrenzungen und in der Folge – jedenfalls über längere Zeit hin – zu konflikthaft starren Grenzen zwischen der Kinder- und der Eltern-Generation kam. Darin waren sicher auch viele Elemente von »Gegen-Abhängigkeit« (s.o., S. 23–25) enthalten, die erst im Laufe der darauffolgenden Jahre allmählich aufgelöst werden konnten, aber es gingen davon doch auch starke Impulse aus, zu einer echten wechselseitigen Loslösung von Eltern und erwachsenen Kindern zu kommen.

In den letzten Jahren stellen wir dagegen einen anderen Trend fest. Es gibt – generell gesehen – weniger offenkundige Gegensätze und Ablösungskonflikte zwischen den Generationen. Die Eltern sind zugänglicher geworden, sie versuchen, ihre erwachsen gewordenen Kinder mehr zu verstehen und sich in sie einzufühlen. Sie sprechen mehr mit ihnen, fragen mehr nach, interessieren sich mehr für ihr Leben. Es kommt viel öfter als früher vor, dass die Kinder in einer Weise persönliche Fragen mit den Eltern besprechen, die diese selbst mit ihren Eltern niemals thematisiert hätten. Die Ablösung vollzieht sich damit stiller, weniger dramatisch, und manchmal fragt man sich, *ob sie sich überhaupt vollzieht.*

Auch wenn keine solch problematischen Abhängigkeits-Konstellationen festzustellen sind, wie wir sie in Kapitel 4 mit »Mutter-Sohn« und »Vater-Tochter« charakterisiert haben (S. 70–73), so fehlt für die junge Generation doch nicht selten der Impuls, »wegzugehen«, ein eigenes Leben mit eigenen Entscheidungen über den weiteren Weg zu beginnen. Das heißt, es droht im Vergleich zur vorausgegangenen Achtundsechziger-Phase die gegenteilige Gefahr: Es gibt keine starren Grenzen mehr zwischen Eltern und erwachsenen Kindern, und das ist sicher positiv zu sehen, aber die Grenzen drohen sich zu verwischen: Sie nehmen mehr die Form an, wie sie zwischen Kindern in einem jüngeren Stadium und ihren Eltern angemessen war, aber dem jetzigen Stadium und Entwicklungsalter nicht mehr entspricht.

Dies wird zusätzlich dadurch gefördert, dass die Arbeitssituation für junge Menschen nach Studium oder Ausbildung noch lange Zeit unsicher, kurzfristig und schlecht bezahlt ist. Für die *»Generation Praktikum«* bietet es sich deshalb oft allein schon aus finanziellen Gründen an, das ›Kinder‹-Zimmer zu Hause zu behalten und dafür die Nachteile der Unselbständigkeit in Kauf zu nehmen.

»Hotel Mama«

In Bezug auf *junge Männer*, die noch zu Hause leben, wird oft vom »Hotel Mama« gesprochen, das so bequem und komfortabel ist, dass alle anderen Aufenthaltsorte wesentlich ungemütlicher, teurer und anstrengender erscheinen, und der junge Mann deshalb zu Hause bleibt – allerdings nicht als gleichberechtigter Erwachsener, sondern als Noch-Kind, das sich weiterhin versorgen lässt.

Wir erlebten vor einiger Zeit im Rahmen einer Therapie ein deutliches Beispiel dieser Art: Marianne lebte mit ihren zwei heranwachsenden Söhnen allein im Haus, der Vater war vor etwa zwei Jahren verstorben. Marianne hatte sich vor Kurzem in Thomas verliebt, und weil die Beziehung so innig erlebt wurde, zog dieser bald zu Marianne und ihren Söhnen ins Haus – sehr zum Verdruss der beiden, die ihn als Eindringling erlebten und ablehnten. In ihren Augen sollte alles so bleiben, wie es war, als der Vater noch lebte. Gegen Veränderungen in der Wohnung, vor allem, wenn Thomas diese wünschte, gegen neue Raumaufteilungen und dergleichen, widersetzten sie sich heftig.

Das setzte sich auch fort, als einer der Söhne eine Berufsausbildung begann und der andere, ältere, etwa zum gleichen Zeitpunkt an die Universität ging. Die Ausbildungsorte waren verkehrsmäßig vom Wohnort aus gut zu erreichen, und das war das Argument dafür, dass beide nicht einmal daran dachten, aus dem elterlichen Haus auszuziehen. Thomas kam sich immer mehr wie ein bloßer Gast am Rande vor, und Marianne wagte nicht, die Söhne zum Auszug zu drängen: »Es ist ja ihr Elternhaus, hier haben sie doch mit ihrem Vater zusammengelebt, ihre ganze Kindheit verbracht. Man kann ihnen doch jetzt, da sie ihren Vater verloren haben, nicht auch noch zumuten, ihr Zuhause zu verlieren!«

Die Söhne behielten ihre Zimmer, auch wenn sie die meiste Zeit gar nicht im Haus waren. Thomas dagegen hatte keinen eigenen Raum im Haus. Marianne fühlte sich zwischen ihm und den Söhnen ständig hin und her gerissen, was die Beziehung der beiden allmählich ernsthaft in Gefahr brachte. Von der Liebe des Anfangs war nicht mehr sehr viel zu spüren.

Ihr Konflikt auf der Paar-Ebene war aber gleichzeitig auch ihre Chance: Dadurch kam das Thema der Abgrenzung von den erwachsen werdenden Söhnen, das ja auch in deren eigenem Interesse lag, zur Sprache. Nach und nach gewann Marianne mehr Sicherheit, sie wurde den Söhnen gegenüber klarer in ihren Forderungen, so dass diese sich dann allmählich doch zum Auszug entschlossen und das Haus umgestaltet werden konnte: Es gab dann, wenn sie zu Besuch kamen, für sie ein geräumiges Gästezimmer, und Thomas erhielt als der neue Partner der Frau einen angemessenen eigenen Bereich in Form eines Arbeitszimmers. Damit kam sinnfällig und gewissermaßen symbolisch der Verlauf der neuen Grenzen zum Ausdruck: Das Paar auf der einen Seite, die erwachsenen Söhne auf der anderen, klar abgegrenzt, aber nicht ausgeschlossen: Das Gästezimmer stand ihnen jederzeit zur Verfügung!

Mütter und Töchter

Ähnliche Ablösungsprobleme stellen wir in letzter Zeit auch bei erwachsenen Töchtern fest. Ein Beispiel, an das wir uns in diesem Zusammenhang erinnern: Bernadette und ihre Mutter verstanden sich ganz besonders gut. Bernadette hatte das Gefühl, wirklich »mit allem« zu ihrer Mutter kommen zu können, und diese hatte tatsächlich für alles ein offenes Ohr, war einfühlsam, unterstützte die Tochter und freute sich darüber, dass eine so innige Beziehung zu ihr weit über das Kindesalter hinaus möglich war.

Als Bernadette in die Abiturklasse kam, verliebte sie sich zum ersten Mal heftig in einen neuen Mitschüler. Der junge Mann hatte etwas »altmodische« Eltern, darum lebten die beiden ihre Beziehung weit öfter in Bernadettes Zuhause, und die Mutter öffnete auch dem Freund großzügig das Haus. Bald aber begann Bernadette, an der Beziehung zu zweifeln. Alles Mögliche begann sie an Olaf zu stören, und das besprach sie mit ihrer Mutter – bis in die intimsten Angelegenheiten hinein. Diese fühlte sich immer mehr in dem Dilemma: »Eigentlich möchte ich mich da nicht mehr so einmischen, das macht mir ganz ungute Gefühle … aber sie braucht ja Hilfe und Unterstützung. Wenn ich sie ihr verweigere, fühlt sie sich zurückgestoßen … aber wenn ich sie ihr gebe … sie müsste doch das, was ihre Beziehung angeht, allmählich selber regeln …«

Was Eltern – und häufig sind es Mütter ihren Töchtern gegenüber – hier versäumen, ist, sich mehr und mehr »herauszuhalten« und ihre Kinder an andere zu verweisen, die einen größeren Abstand zur Familie haben, an vertraute Freunde oder auch an professionelle Berater/innen. Die Mutter in unserem Beispiel spürte diese Notwendigkeit und begann, sich solchen Gesprächen Bernadette gegenüber mehr und mehr zu verweigern, obwohl ihr das unheimlich schwerfiel. Eine Hilfe für sie war, dass sie mit einer Sozialarbeiterin gut bekannt war, die auch von Bernadette sehr gemocht wurde. Diese Frau empfahl sie ihr wärmstens, und von nun an ging Bernadette mit ihren Beziehungssorgen zu ihr, und nicht mehr zur Mutter.

Durch diese Vermittlung gab sie der Tochter einerseits weiterhin Hilfe in ihrer Not, unterstützte andererseits aber auch deren Autonomie und Eigenständigkeit. *Klare Abgrenzung – und zugleich wohlwollende Unterstützung*: Beides miteinander, das ist wohl die goldene Regel und der richtige Weg für die Ablöseprozesse junger Erwachsener von der Familie.

Die Adler und das warme Nest

In diesem Zusammenhang fällt uns immer wieder ein sehr schönes und lustiges Beispiel aus der Tierwelt ein, das wir vor einiger Zeit bei Adlern in einer Aufzucht- und Auswilderungsstation für Greifvögel miterleben konnten: Es ging um Adler und ihren Nachwuchs. Was machen diese Vögel, um ihre Jungen aus dem Nest zu bekommen? Das Muttertier brachte nach wie vor leckeres Futter ans Nest. Die Adlerjungen sperrten schon die Schnäbel weit auf und hofften, dass sie die ersehnte Beute gleich bekämen. Aber nein, die Adler-Mutter flog auf einen Ast in einiger Entfernung über dem Nest und wartete dort. Was blieb den Jungen anderes übrig, als die eigenen kleinen Flügel einzusetzen und so lange und so heftig zu flattern, bis sie es schafften, sich selber aus dem Nest zu erheben und zum Ast hochzufliegen, um die leckere Beute zu verspeisen …

Hier wurde uns beides auf eine sehr eindrucksvolle und drastische Weise vorgeführt: Die Unterstützung der Eltern war da, das Futter brachten sie nach wie vor herbei; aber gleichzeitig förderten sie die Abgrenzung und Eigenständigkeit der Jungen: Das Futter bekamen die Vögelchen nicht mehr ins Maul gestopft, sie mussten dazu aus dem Nest heraus und die eigenen Flügel erproben.

Was das nun im Einzelnen, übertragen auf die Familiensituation der Menschen, heißen kann, lässt sich freilich nicht für alle Fälle gültig ein für alle Mal sagen, denn die Situationen der einzelnen Familien sind viel zu verschieden. Uns aber erscheint das Prinzip, das in diesem Tier-Beispiel so deutlich wird, als sehr wichtig: weitere elterliche Unterstützung *zusammen* mit der Herausforderung zur Selbständigkeit für die Kinder und zum Schutz der eigenen Grenzen der Eltern als Individuen und als Paar.

Das Paar in der Zeit der Ablösung

Was Paare in dieser Zeit der Ablösung von den erwachsen werdenden Kindern ganz besonders dringend brauchen, ist, dass sie beieinander als Eltern einen »sicheren Hafen« vorfinden, wo sie ein wenig Ruhe und Erholung finden (vgl. Kapitel 3, S. 45ff.). Dazu gehört, dass sie sich auf der Eltern-Ebene immer wieder einigen – jedenfalls in den wesentlichen Punkten ihres Verhaltens Sohn oder Tochter gegenüber. Es ist allerdings nicht einfach, die Meinungen und Einstellungen aufeinander abzustimmen. Alte eigene Erfahrungen aus der Jugend spielen hier herein: So wie die eigenen Eltern mit einem umgegangen sind, erscheint es einem richtig – oder aber genau im Gegenteil als abschreckendes Beispiel. Die Unterschiede der beiden Partner, wie sie von den Eltern behandelt wurden, kommen hier zum Tragen. Aber gerade jetzt ist es äußerst wichtig, den Jugendlichen gegenüber klar, sicher und in wesentlichen Dingen einheitlich aufzutreten.

Hier ist die klare Abgrenzung des Eltern-Systems gefragt. Wenn das nicht gelingt und wenn in der Folge Bündnisse über die Generationengrenzen hinweg – zum Beispiel Vater mit Tochter gegen Mutter, oder Sohn mit Mutter gegen Vater – entstehen, wird das für den jeweils ›ausgeschlossenen‹ Partner besonders schwer und verletzend. Das Nicht-Gelingen der Kooperation und wechselseitigen Unterstützung auf der Eltern-Ebene kann das Paar gerade in dieser Zeit, in der sie sich ja wieder mehr finden könnten und auch sollten, weil sie nicht mehr so durchgängig mit der Versorgung der Kinder beschäftigt sind, sehr weit auseinander bringen.

Grenzen setzen für die Liebe – das würde also hier wesentlich auch heißen: Bei allen individuellen Unterschieden ringen wir uns immer wieder dazu durch, in wesentlichen Fragen, die Sohn oder Tochter betreffen, Konsens herzustellen. Damit schützen und fördern die Eltern ihre Liebe als Paar, damit ziehen sie aber auch die Grenze, die der richtig verstandenen Liebe zu den Kindern dient, indem sie diese in die Selbständigkeit entlassen und damit schließlich auch eine wesentliche Voraussetzung für deren eigene Liebesfähigkeit schaffen.

7. Kapitel

Wenn die Kinder erwachsen sind – neue Grenzen ziehen

Die Kinder sind ausgezogen. Das Nest ist wieder leer. Die Kinderzimmer warten auf gelegentlichen Besuch oder sind umgebaut und haben eine andere Funktion bekommen. Die Kinder leben ihr eigenes Leben: Berufsausbildung, Beziehungen, erste Schritte im Beruf, schließlich Heirat, eigene Kinder … Welche Herausforderungen für die »Grenzen der Liebe« stellen sich nun in dieser neuen Phase?

Wir möchten hier zuerst auf die Veränderungen eingehen, die sich durch das Selbständigwerden der Kinder ergeben und auf die Beziehungen der beiden Generationen zueinander. Danach beschreiben wir die neue Situation, in der sich das Paar befindet, nachdem die Kinder das Haus verlassen haben und ihr eigenes Leben führen. Hier beginnt für die Partner ein ganz neuer Lebensabschnitt. Sie sind quasi wieder kinderlos geworden, haben aber – jedenfalls dem statistischen Durchschnitt nach – noch Jahrzehnte des gemeinsamen Lebens vor sich.

Die Kinder loslassen

Je weiter der Prozess des Erwachsen-Werdens der Kinder voranschreitet, desto eindeutiger wird für die Eltern die Herausforderung, ihnen ihr eigenes Leben, ihre eigenen Entscheidungen, ihre eigenen Wege zu überlassen. Um auf unsere Adler-Episode zurückzugreifen: Es ist nun auch nicht mehr angemessen, die jungen Vögel zwar zu animieren, das elterliche Nest zu verlassen, aber immer noch das Futter für sie heranzuschaffen. Allmählich muss dieses von ihnen selbst besorgt werden, und der eigene Nestbau steht nun an.

Natürlich ist da und dort immer noch die Unterstützung der Eltern gefragt und angemessen. Es kann sogar etwas sehr Schönes und ein beglückender Ausdruck der inneren Verbundenheit der Generationen sein, wenn die Kinder beim eigenen Existenzaufbau auf die Kompetenzen der Eltern zurückgreifen können, zum Beispiel bei der Einrichtung der ersten eigenen Wohnung, bei anstehenden Umbaumaßnahmen, Installationsarbeiten und ähnlichem. Aber solche Unterstützung sollte nicht mehr ganz so selbstverständlich sein wie früher.

Es braucht von den Eltern jetzt Achtsamkeit, nicht in eine Fürsorglichkeit zu verfallen, die früher angemessen war, aber im jetzigen Alter der Kinder eine Grenzen verwischende Überfürsorglichkeit darstellt. Es braucht immer deutlichere Schritte weg von den Kindern und zurück in ein nun wieder eigenständiger werdendes Leben des Elternpaares.

Aus einem sozialen System werden nun zwei: das der Eltern und das der erwachsen gewordenen Kinder, die zwar nach wie vor miteinander verbunden, aber auch klar voneinander abgegrenzt sind oder jedenfalls sein sollten. Nicht selten bedeutet dies vor allem für das Elternpaar schmerzvolle Abschiedsprozesse. Die in der Regel intensivere Beziehung heutiger Väter zu ihren Kindern bringt es unserer Erfahrung nach mit sich, dass vom sogenannten »Leeren-Nest-Syndrom« in der heutigen Zeit nicht nur die Frauen betroffen sind, sondern immer häufiger auch die Männer. Die Beziehung zu den Kindern hat über die Jahre hinweg sehr viel Emotionalität ermöglicht und auch gebunden. Viel Lebendigkeit, Vitalität und Abwechslung kam – bei allen Problemen, die mit den Kindern auch gegeben waren – durch sie ins Haus und ins Leben der Eltern. Das alles fällt jetzt weg. Das Nest ist leer geworden, Mutter und Vater stehen nicht selten trauernd davor.

Auch wenn diese Zeit verständlicherweise von den Eltern manchmal herbeigesehnt wurde – jetzt, da es plötzlich so still im Haus geworden ist, wird auch der Verlust, der darin deutlich wird, spürbar. Abschied ist angesagt und ihn begleitend die nötigen Trauerprozesse.

Jeder der beiden Elternteile hatte seine spezifisch eigene Beziehung zum jeweiligen Kind, und auch in der Art und Weise der Verarbeitung des Verlustes gibt es große Unterschiede. Er beispielsweise zieht sich mit seinen Gefühlen eher zurück und fängt an, im Hobbykeller zu werkeln, sie dagegen möchte mit ihm zusammensitzen, Kinderfotos betrachten und sich über ihre Gefühle austauschen. Solche Unterschiedlichkeiten sind nicht selten die Ursache, dass Paare sich voneinander entfremden, weil einer den anderen in seiner Art, mit dem Abschied umzugehen, nicht versteht und darüber befremdet ist, dass »er es nicht genau so macht wie ich«.

Solche Entfremdung ist natürlich gerade in dieser Situation, in der die Kinder, also die Menschen, die einem ganz besonders nahe standen, weiter wegrücken, sehr schmerzlich. Darum ist es auch nötig, sich darüber auszutauschen, was jeder der beiden braucht und einander verständnisvoll entgegenzukommen. Dieses Akzeptieren des »Anders-Seins« des anderen auch in seiner Art, mit Verlusten umzugehen, sowie der Austausch von Erinnerungen, die jeder mit dem jeweiligen Kind verbindet, können die beiden als Paar wieder inniger zueinander bringen.

Wenn die Kinder heiraten ...

Der geschilderte Prozess setzt sich fort, wenn dann eines Tages der zukünftige Partner, die zukünftige Partnerin der Tochter/des Sohnes auftaucht. Damit »betritt« nicht nur ein bisher fremder Mensch den Raum des eigenen Familien-Systems, ein ganz neues Familien-System – das des neuen Partners/der neuen Partnerin – tritt hinzu und verbindet sich mit dem bisherigen zu einem neuen Gesamtsystem der Familie. Das kann ein großer Gewinn an Leben, an Vielfalt und Buntheit sein, es beinhaltet aber auch neue Herausforderungen: Es gilt, die System-Grenzen auch hier wieder so zu gestalten, dass sie sich weder verwischen noch undurchlässig werden, und so der Liebe dienen und ihr nicht schaden oder sie gar zerstören.

Die erste Frage, die hier auftaucht, ist, wie es den Eltern gelingt, den Partner/die Partnerin der Tochter bzw. des Sohnes »aufzunehmen«. Zunächst gilt es hier, die Wahl, die der eigene Nachwuchs getroffen hat, zu akzeptieren und sie dessen Sache sein zu lassen, auch wenn man sich für das eigene Kind vielleicht jemanden anderen gewünscht hätte. Aber ob erwünscht oder unerwünscht – es stellt sich die Aufgabe, diesen Menschen nun anzunehmen und möglichst eine gute oder wenigstens konfliktfreie Beziehung zu ihm aufzubauen, denn nur dann wird auch die Beziehung zum eigenen Nachwuchs intakt bleiben.

Wenn das nicht gelingt, wenn den Eltern die emotionalen Barrieren zu dem neuen Familienmitglied unüberwindbar erscheinen, wird auch die Beziehung zu Tochter bzw. Sohn konflikthaft werden, und die Grenzen zwischen dem Elternpaar und dem neuen Paar werden starr und undurchlässig.

Es besteht aber auch die gegenteilige Gefahr: Dass die Eltern den künftigen Partner von Sohn oder Tochter gleichsam »adoptieren« und ins eigene System so vollständig hineinziehen, dass die Selbständigkeit der beiden jungen Erwachsenen verloren zu gehen droht.

Wir haben bereits in anderem Zusammenhang ein Beispiel geschildert, in dem der Vater dem Sohn, seinem designierten Nachfolger im Betrieb, und dessen junger Frau eine fertige Wohnung schenkte und damit – so großzügig es auch gemeint war – über die Köpfe der beiden hinweg deren Leben zu bestimmen versuchte. Auch dies kann dazu führen, dass sich das junge Paar gemeinsam den Eltern gegenüber verschließt und eine starre Grenze zu ihnen zieht. Oder es kann sein, dass der angeheiratete Teil, wie in unserem Fall die Tochter, es ablehnt, in dieser Weise über sich verfügen zu lassen.

Dies wird dann in der jungen Beziehung zu Störungen führen: Entweder kommt es zu heftig aufflammenden Konflikten zwischen den neuen Partnern, oder – wie in unserem Fall – zum subtilen und alle Bereiche der neuen Partnerschaft infizierenden Widerstand der Schwiegertochter gegen ihren Mann, weil sie diesen mit seinen Eltern gegen sie verbündet erlebt.

Schließlich taucht hier auch noch die Gefahr von Koalitions-Bildungen auf: Die Mutter schließt zum Beispiel den Schwiegersohn ins Herz, der Vater findet aber keinen Zugang zu ihm oder lehnt ihn rundweg ab. Damit entsteht wieder eine, die Generationengrenze verwischende Dreier-Konstellation, die äußerst schmerzhaft sein kann, vor allem für das alternde Paar. Denn der Vater fühlt sich dann nicht nur von seiner Frau distanziert, er verliert auch – in unserem Beispiel – den Zugang zu seiner Tochter. Das neue Paar nimmt gleichsam die Mutter ins eigene System hinein, der Vater bleibt allein und ausgeschlossen zurück.

Das bedeutet natürlich nicht, dass es hinsichtlich Sympathie und Nähe zu den Schwiegerkindern keine individuellen Unterschiede beim Elternpaar geben dürfte. Sicherlich kann es sein, dass ein Elternteil Schwiegersohn oder Schwiegertochter ganz besonders und mehr als der andere ins Herz schließt – solche Unterschiede sind ganz natürlich, und es bedeutet ja auch eine besondere Ressource für das neue Paar, wenn Schwiegersohn oder Schwiegertochter eine besonders gute Beziehung zu einem Schwiegereltern-Teil entwickeln kann. Denn unter Umständen eröffnet sich dadurch für das Schwieger-Kind die Möglichkeit zu glückhaft korrigierenden positiven Eltern-Erfahrungen, die dem Betreffenden zu Hause bei seinen Eltern nicht zuteil wurden. Damit dies allerdings nicht zu der genannten Koalitions-Bildung führt, hat das Elternpaar im Blick auf das junge Paar immer auch die wichtige Aufgabe, sich miteinander auszutauschen und aufeinander abzustimmen, damit sie zwar keine »Front« dem jungen Paar gegenüber bilden, aber dennoch auch ein klar abgegrenztes System bleiben, das sein eigenes Leben führt und dem jungen Paar sein eigenes Leben wohlwollend lässt.

Was das Heiraten bringt

Über das neue Paar treten nun auch Eltern, Geschwister und andere nahe Verwandte des neuen Partners zum alten Familien-System in Verbindung. Dadurch entsteht auch ein neues Feld der Beziehungen der jeweiligen Schwiegereltern zueinander. Gewiss kann hier keine Regel aufgestellt werden, wie nah oder entfernt diese neuen Beziehungen sein sollten. Sicher ist aber auch, dass es eine Ressource für die neuen Partner sein kann, wenn sie erleben, dass ihre Eltern – nun auch untereinander wohlwollend verbunden – als Rückhalt hinter ihnen als Paar stehen.

Manchmal kann die Verbindung der jeweiligen Schwiegereltern aber auch zu eng werden und zu destruktiven Grenz-

Verwischungen führen. Dies zeigte sich uns unter anderem an folgendem Beispiel:

Jonas und Grit waren schon seit der Schulzeit ein Paar. Die jeweiligen Eltern freundeten sich ebenfalls miteinander an. Die Hochzeit stand schon vor der Tür, da verliebte sich Grit in einen anderen Mann und beschloss, sich von Jonas zu trennen. Die beiden Elternpaare sahen keinen Grund, ihre Verbindung zueinander davon beeinflussen zu lassen. Sie trafen sich weiterhin regelmäßig zu Spieleabenden, machten Urlaub zusammen. Überall im Haus hingen weiterhin Bilder von Jonas und Grit. Als Grit und ihr neuer Partner Stefan heirateten, bestanden ihre Eltern darauf, auch Jonas' Eltern einzuladen, und wenn Grit sich nicht energisch gewehrt hätte, wäre auch Jonas ganz selbstverständlich mit von der Partie gewesen. Stefan konnte, wie sehr er sich auch bemühte, bei den Schwiegereltern keine Punkte machen und blieb Außenseiter der Familie. So groß die Liebe zwischen Grit und Stefan auch war – auf die Dauer litten die beiden jungen Menschen enorm unter dieser Hypothek.

Dafür, dass der Prozess der Bildung eines neuen, erweiterten Familien-Systems gut verläuft, dass er deutlich und tragfähig wird, spielen übrigens die traditionellen *Hochzeitsrituale* keine geringe Rolle. In der jungen Generation werden sie oft als »Äußerlichkeiten« abgewertet. Andererseits spiegelt sich deren Bedeutsamkeit wohl auch darin wider, dass die Hochzeiten gekrönter Häupter an den Bildschirmen immer wieder von Millionen Menschen nicht ohne Ergriffenheit verfolgt werden. In solchen Ritualen – seien sie nur im Standesamt vollzogen oder aber zusätzlich noch in der Kirche gefeiert – kommt ja Wichtiges sehr deutlich zum Ausdruck und prägt sich dadurch ins Bewusstsein der Beteiligten ein: Zwei Menschen erklären hier in aller Öffentlichkeit, dass sie in Zukunft ihr Leben verbindlich teilen wollen, »in guten wie in schlechten Tagen«, dass sie also eine neue Gemeinschaft bilden werden. Dadurch wird auch eine neue Zusammengehörigkeit der anwesenden Familien beider Seiten deutlich gemacht.

Wenn Paare hingegen auf solche Rituale verzichten und »nur« zusammen leben nach dem Motto: »Wozu heiraten, wir können ohne das glücklich sein!«, kann dies erhebliche Nachteile haben: Es kann dann sein, dass sich die Eltern der beiden gar nie zu Gesicht bekommen und sich auch nicht wechselseitig als »Schwiegereltern« verstehen und fühlen. Die Eltern des Partners/der Partnerin des eigenen Kindes bleiben dann meist in gewisser Weise nicht-existent. Damit geht ein wichtiges Potential neuen Zusammenhalts verloren oder entsteht erst gar nicht.

Das Heiratsritual beinhaltete früher oft auch den Brauch, dass der Vater der Braut vor dem eigentlichen Trauungs-Akt die junge Frau dem Bräutigam, der zu diesem Zeitpunkt noch nahe bei seinen Eltern stand, »zuführte« und sie ihm »übergab«. Dies machte sowohl die Konstituierung des neuen Paar-Systems als auch die neue Verbindung der beiden Familien deutlich.

Allerdings wurde dies auf eine sehr patriarchal geprägte Weise zum Ausdruck gebracht: Der Vater übergab dem Mann seine Tochter. Man könnte ein solches Ritual auch sinnvoll nach unserem heutigen Verständnis gestalten, indem zum Beispiel jeweils beide Eltern die Brautleute einander zuführen und sie dann vor den Standesbeamten oder den Pfarrer begleiten, der dann die neue Zusammengehörigkeit des Paares durch Worte und symbolische Vollzüge nochmals zum Ausdruck bringt und vollziehen lässt.

Man sollte die Wirkung solcher Rituale nicht unterschätzen. Sie sind mehr als »Äußerlichkeiten«. Sie bringen uns eine neu entstehende Wirklichkeit konkret zum Bewusstsein. Die neuen Systeme mit ihren Grenzen und ihren neu entstandenen Verbindungen werden sichtbar gemacht und im Tun auch bereits vollzogen. Fallen diese Rituale weg, bleibt alles mehr im Vagen, was einen guten Umgang mit der neuen Situation sicher nicht unmöglich macht, aber doch erschwert.

In den vollzogenen Hochzeitsritualen kommt etwas zum Ausdruck, was uns gerade in der heutigen Zeit sehr gut tut: Dass hier neue Verbindungen entstehen, neue verwandtschaftliche Beziehungen über die bisherigen Zusammengehörigkeiten hinaus. In unserer Gesellschaft der Unübersichtlichkeit, der Mobilität und der immer häufiger nur noch »virtuellen« Verbindungen wird damit auch immer wieder der wichtige Gegenakzent von persönlichen Beziehungen, persönlicher Zusammengehörigkeit und Zugehörigkeit gesetzt.

Runde Geburtstage feiern

Diese neue Zusammengehörigkeit wird oft auch noch durch ein sich wiederholendes Ritual auf eine sehr hilfreiche Weise vollzogen und verstärkt, indem das alternde Elternpaar beginnt, seine runden Geburtstag ab dem 50. Lebensjahr als gemeinsame Familienfeste zu feiern. Vorhandene Fotos, Video- und Filmaufnahmen geben zahlreiche Möglichkeiten, auf die vergangene Lebensphase des Jubilars/der Jubilarin, des Paares und auch der Kinder zurückzublicken und damit deren Entwicklung zu würdigen.

In der Regel macht es den jungen Erwachsenen auch große Freude, hier ihre Kreativität, auch mit witzigen Gedichten und lustigen Sketchen, zu entfalten. Alle Teile der Familie sind anwesend, bekommen wieder mehr Kontakt zueinander, erleben sich als zusammengehörige Gemeinschaft und gehen dadurch oft bereichert wieder zurück in ihr Alltagsleben. Die Grenzen sind wieder ein Stück durchlässiger und der Zusammenhalt der Gesamtfamilie dadurch stärker geworden.

8. Kapitel

Das alternde Paar – wieder Paar werden

Der Alterungsprozess wird spürbar

Wenn die Kinder selbständig geworden und endgültig aus dem Haus gegangen sind, wenn sie geheiratet haben oder auf andere Weise ihr eigenständiges Leben führen, beginnt ein Lebensabschnitt, den wir »Altersphase« nennen. Natürlich bestimmt »das Alter« nicht schlagartig das Zusammenleben des Ehepaares. Die Prozesse überschneiden sich, darum kann man diese Phase nicht einfach von den beiden vorausgehenden trennen. Es ist dennoch nützlich, sie gesondert zu betrachten, denn der Alterungsprozess des Paares bringt – auch in Bezug auf die »Grenzen der Liebe« – ganz eigene Fragestellungen mit sich, die mit dem Weggehen der Kinder oft nichts zu tun haben, sondern die individuelle und die Paar-Entwicklung von Mann und Frau betreffen.

Die durchschnittliche Lebenserwartung der Menschen in unseren Breiten liegt heutzutage bei den Männern etwa bei 88, bei Frauen bei etwas über 90 Jahren. Das heißt mit anderen Worten: Im Alter zwischen 45 und 50 Jahren wird der Zenit des Lebens – jedenfalls derzeit noch – überschritten. Von nun an hat jeder den Jahren nach den größten Teil seines Lebens gelebt, und mit jedem Tag wird die Zeitspanne, die er noch vor sich hat, kürzer als diejenige, die er hinter sich gelassen hat. Wenn Frauen und Männern dies bewusst wird, sind sie mit einem Mal mit dem »Alt-Werden« konfrontiert.

Es gibt in dieser Zeit aber auch noch andere charakteristische Erfahrungen, die das Alter spürbar werden lassen: Man merkt, dass das Gedächtnis für konkrete Einzelheiten, wie zum Beispiel Namen, nachlässt. Man entdeckt beim Blick in den Spiegel unübersehbare Falten im Gesicht und Altersflecken auf der Haut. Man kann eine Nacht nicht mehr einfach so durchfeiern und am nächsten Tag weitermachen, als wäre nichts gewesen. Das Klimakterium der Frau konfrontiert sie, auch abgesehen von etwaigen unangenehmen Begleiterscheinungen, mit der Tatsache, dass sie nicht mehr zu den Jungen gehört. Das allmähliche Nachlassen der Potenz beim Mann lässt ihn die männliche Variante dieser Erfahrung spüren und kann so manchem männlichen Selbstwertgefühl ganz schön zu schaffen machen. Kurz: Die Jugend ist endgültig vorbei, das Alter klopft an die Tür! Damit kommen – was sich viele aber kaum bewusst machen – ganz neue Herausforderungen auf das Paar zu, die keineswegs immer leicht zu bewältigen sind.

Eine neue Lebensphase

Mit der im Vergleich zu früheren Jahrzehnten erheblich höheren Lebenserwartung hat sich die Situation der Paare dramatisch verändert: Heutige Paare können damit rechnen, bis zu 25 Jahren länger als die vorausgehenden Generationen zu leben! Während in früheren Zeiten das Leben im Alter zwischen 65 und 75 Jahren dem Ende nahe war, beginnt hier heute eine ganz neue Lebensphase. Es hat sich darum auch eingebürgert, die Altersphase nochmals zu unterteilen: Man spricht von der Phase der »jungen Alten«, die der letzten Lebensphase der »Hochbetagten« oder »Hochaltrigen« vorausgeht.

Wir haben für unser Thema diese Unterscheidung zwar im Blick, ziehen zwischen diesen beiden letzten Lebensphasen aber keine deutliche Grenze. Wir sehen den zentralen Einschnitt dort, wo die Kinder das Haus endgültig verlassen haben und/oder die ersten deutlichen Alterserfahrungen in das Bewusstsein der Menschen treten, also etwa um das 55. bis 60. Lebensjahr. Der Übergang von der Phase der »jungen Alten« zu derjenigen der »alten Alten« ist dem gegenüber undeutlicher und fließender und lässt sich deshalb noch weniger genau festlegen.

Vielen Paaren ist allerdings nicht bewusst, was die zu erwartende Länge dieser Altersphase für ihre Lebensbewältigung bedeutet. Sie sind vor allem nicht darauf eingestellt, dass hier zum Teil ganz Neues beginnt, und dass man in dieser Zeit gerade auch als Paar vor ganz neuen Herausforderungen steht. Nicht nur, dass sich aufgrund von Gewöhnung und Alltagstrott ätzende »Langeweile« in der Beziehung ausbreiten kann, auch vieles andere gibt es hier neu und erstmals zu bewältigen.

Dass dies oft nicht gelingt, zeigen die Scheidungsraten: Zwar geht die Zahl der Trennungen – verglichen mit den vorausgehenden Phasen – zurück, im Vergleich jedoch mit den alten Paaren früherer Jahrzehnte ist auch hier ein deutlicher Anstieg zu bemerken. Immer mehr Menschen scheitern mit ihrer Beziehung in dieser Phase und suchen noch einmal einen Neuanfang mit einem neuen – oft auch erheblich jüngeren – Partner und lassen den bisherigen allein zurück, was nach den vielen Jahren gemeinsamen Lebens für diesen oft besonders bitter sein kann.

Welche Situationen sind es nun vor allem in dieser Phase,

die es zu bewältigen gilt, damit auch ein weiteres *gemeinsames* Leben auf befriedigende Weise möglich wird? (Vgl. dazu Jellouschek 2008) Unter dem Aspekt der »Grenzen für die Liebe« wollen wir uns dieser Fragestellung zuwenden.

Wieder ein Paar werden

Wir haben immer wieder betont, wie wichtig es ist, dass sich die beiden Partner in der Familie als Paar nicht aus den Augen verlieren, dass sie es schaffen, immer wieder um ihre Zweierbeziehung eine klare, wenn auch durchlässige Grenze zu ziehen, damit ihnen die Liebe, die sie anfangs zusammenführte, nicht verlorengeht. Es gab ja in den vorausgehenden Phasen vieles, was die Gefahr in sich barg, sie als Paar einander zu entfremden: Den Existenz-Aufbau, die Lebensorganisation, die Kindererziehung, das berufliche Engagement … Das alles konnte sich störend zwischen das liebende Paar schieben. Je besser es den beiden in den vorausgehenden Phasen gelungen ist, dem entgegenzuwirken und trotz der vielfachen Inanspruchnahme ein Paar zu bleiben, desto eher wird ihnen das auch jetzt gelingen. Dennoch erwartet auch diese Paare eine neue Aufgabe mit neuen Herausforderungen.

Die Situation ist verglichen mit früher eine vollkommen andere: Die Kinder brauchen das Engagement der Eltern nicht mehr in der Art und in dem Ausmaß wie früher, die materielle Existenz ist meist einigermaßen gesichert, beruflich ist oft ein gewisses Plateau erreicht, auf dem man sich eingerichtet hat. Die Partner haben dadurch wieder mehr Zeit miteinander, hätten mehr Freiraum, mehr Möglichkeiten. Trotzdem müssen sie, wenn sie ehrlich sind, oft feststellen: Wir sind wieder zwei Einzelwesen geworden, der Abstand zwischen uns ist groß, von emotionaler Nähe, Zugewandtheit, Innigkeit ist nicht mehr viel da, geschweige denn, dass uns so etwas wie Leidenschaft noch zueinander treiben würde …

Was früher zu tun war – für die Kinder, für die Berufe, für das tägliche Leben –, das hat sich zwischen uns gedrängt, aber immerhin, es waren *gemeinsame* Anliegen, und die haben uns, jedenfalls als Elternpaar und als »Arbeits-Team« auch zusammengehalten. Jetzt aber, da das immer mehr wegfällt, wird uns bewusst, worüber wir früher oft hinweggesehen haben: Dass die Glut, die uns einmal füreinander erwärmt hat, jetzt wie unter Ascheschichten verschwunden, vielleicht sogar erstickt ist. Oder ist sie vielleicht nicht erstickt, nur nicht mehr sichtbar, nicht mehr deutlich spürbar?

Als junges Paar war nicht nur Glut, sondern Feuer zwischen uns, und hat uns gewärmt, das hat uns zu einem Paar gemacht (vgl. Kapitel 1). Es war damals sogar nötig, darauf zu achten und daran zu arbeiten, dass von dieser Intensität der Gemeinsamkeit unsere Individualität nicht eingeschmolzen wurde und zu sehr verloren ging. Jetzt geht es dagegen oft gerade um das Umgekehrte: Wie finden die beiden Einzelwesen wieder zusammen? Und finden sie überhaupt wieder zusammen – als lebendiges, liebendes, einander zugewandtes Paar? Um darauf Antworten zu finden, ist es wichtig, sich darüber klarzuwerden: Was hat uns denn so auseinandergebracht?

Das »ungelebte Leben«

Viele Menschen verspüren in diesem Alter erstmals das Bedürfnis, eine Bilanz ihres bisherigen Lebens zu ziehen. Wenn ihnen bewusst wird, dass die vor ihnen liegende Zeitspanne im Vergleich mit der bereits gelebten immer kürzer wird, drängt sich die Frage auf: »War das schon alles?« Diese Frage hat einen *individuellen Aspekt und einen Paar-Aspekt.* Wir schauen zuerst auf den individuellen Aspekt. Um mit den Frauen zu beginnen: Wenn sie Kinder haben, stellen sie diese Frage heutzutage oft nach oder gegen Ende der Kinderphase, wenn sie durch sie nicht mehr oder nicht mehr so stark in Anspruch genommen werden. Sehr oft kreist diese Frage konkret um Fragen des Berufs, denn in diesem Bereich war es ihnen in vielen Fällen nicht möglich, ihre Fähigkeiten voll »auszufahren«. Je nach Ausgangssituation suchen sie entweder einen Wiedereinstieg, eine Ausweitung ihrer bisherigen beruflichen Tätigkeit oder einen Neuanfang in einem Bereich, zu dem sie sich durch die Erfahrungen der letzten Jahre hingezogen fühlen. Es geht ihnen also häufig um berufliche Selbstverwirklichung und darin um Entfaltung und Betonung ihrer Autonomie.

Dies kann große Auswirkungen auf das Zusammenleben mit dem Mann haben. Die Aufgabenverteilung im Zusammenleben wird eine andere, und der Ablauf des häuslichen Lebens wird dadurch unter Umständen stark verändert. Wird der Mann bereit sein, diese Veränderung mitzutragen? Wird er bereit sein, neue Aufgaben zu übernehmen und damit eine andere Rolle in der Beziehung zu besetzen? Wenn die Frau stärker beruflich engagiert ist, kann es zum Beispiel sein, dass er im Haushalt und in der konkreten Lebensorganisation viel stärker gefragt ist, als früher.

Was die Männer angeht, ist im beruflichen Bereich die Veränderung meist nicht so groß wie bei vielen Frauen. Aber auch hier stellt sich für sie gar nicht so selten die gleiche Frage: »War das schon alles?« Wir erinnern uns lebhaft an einen etwa 55-jährigen Mann, Führungskraft in einem internationalen Unternehmen, der nach einer schweren gesundheitlichen Krise – er war an Krebs erkrankt, der aber zum Zeitpunkt unseres Kontakts nicht mehr akut war – in die Beratung kam. Sein zentrales Problem war: »Seit dieser Krise kann ich nicht mehr dieselbe Führungskraft sein wie bisher!« Er meinte damit die fast ausschließliche Ausrichtung auf die ihm vorgegebenen Ziele und den Druck, den er zur Erreichung dieser Ziele auf seine Mitarbeiter ausübte.

Die Frage, an deren Beantwortung wir arbeiteten, war: Gibt es einen Weg, mit dem Druck anders umzugehen, die Mitarbeiter stärker als Menschen mit ihren Bedürfnissen zu berücksichtigen, mehr auf sie einzugehen, das mörderische Tempo zu drosseln – oder geht es darum, diese Stelle aufzugeben und innerhalb oder außerhalb der Firma einen andersgearteten beruflichen Weg zu suchen, der ihm humanere Möglichkeiten bieten würde?

Immer geht es also in Variationen um die Frage: Wie sinnvoll, Sinn-erfüllend ist das, was ich in meinem Leben hauptsächlich mache, vor allem jetzt, wo die Kinder mich nicht mehr so sehr brauchen wie früher? Sehr oft erleben wir, dass Männer in diesem Alter ihre berufliche Existenz in dieser oder ähnlicher Weise unter Aspekten der Sinnfrage reflektieren und entweder ihr eigenes berufliches Handeln stark verändern oder überhaupt neue Wege einschlagen und zum Beispiel von der Führungskraft zu einer beratenden Tätigkeit wechseln. Auch dies kann starke Auswirkungen auf die Beziehungen haben, sicher entlastende, aber auch belastende, wenn ein solcher Wechsel zum Beispiel finanzielle Einbußen mit sich bringt.

Die Frage nach der *Sinnhaftigkeit des Tuns*, das bisher die meiste Energie beanspruchte, ist eine sehr individuelle Frage, eine Frage der eigenen autonomen Selbstverwirklichung. Aber sie hat – wie wohl an den Beispielen deutlich geworden ist – große Auswirkung auf das »Wieder-Paar-Werden«, von dem wir als zentrale Aufgabe in dieser Phase gesprochen haben: Stellen sich die Partner dieser Frage, kann es sein, dass es zwar durch die praktischen Konsequenzen daraus zu einigen

Turbulenzen im Zusammenleben kommt, aber sich auch Chancen eröffnen, die Beziehung dadurch neu zu beleben. Denn zwei Menschen, die ihre neuen Aufgaben als spannend und inspirierend erleben, werden auch leichter wieder in einen lebendigen Austausch miteinander kommen, sie werden auch miteinander wieder Freude und Spannung erleben. Stellen sie sich dieser Frage aber nicht, kann dies eine wesentliche Ursache dafür sein, dass sich die individuelle Unzufriedenheit wie ein dunkler Mantel auch über die Beziehung legt.

Das Thema des »ungelebten Lebens« kann aber in dieser Phase nicht nur bei der individuellen Lebensgestaltung auftauchen, sondern auch direkt im Zusammenleben der Partner. In jungen Jahren, in der Zeit ohne Kinder, haben die beiden immer wieder *etwas miteinander unternommen*, haben Ausstellungen besucht, sind ins Theater, Konzert oder Kino gegangen. Früher haben sie an Wochenenden ab und zu eine Wanderung gemacht (und zwar eine solche, die sie selber interessant fanden und die nicht nur im Interesse der Gesundheit der Kinder veranstaltet wurde), oder sie haben sich sogar manchmal ein Wochenende im Hotel gegönnt … Jetzt hätten sie wieder die Zeit dazu, die Kinder brauchen sie nicht mehr, aber keiner von beiden kommt auf die Idee, oder einer hat zwar den Impuls, lässt diesen aber gleich wieder los, es fehlt die richtige Entschlossenheit. So kommt es einfach nicht mehr dazu, und je länger es nicht mehr dazu kommt, desto mehr wird es zu einer Gewohnheit, dass »nichts passiert«, und diese Gewohnheit schiebt sich wie eine Mauer, die immer höher wird, zwischen die beiden.

Darum braucht es Mut: Mut, es anzusprechen; Mut, neue Vorschläge zu machen, neue Schritte zu wagen. Immer wieder geben wir als Therapeuten den Paaren ausdrücklich die Aufgabe, wieder einmal etwas aufzugreifen, was früher gut miteinander ging und Freude bereitete: Miteinander eine Ausstellung besuchen, einander ein Buch vorlesen, miteinander am Wochenende eine Wanderung machen, ein Konzert besuchen ... Solche Gemeinsamkeiten, so einfach sie sind, schaffen oft ein neues Zusammengehörigkeitsgefühl, und gar nicht so selten wird in den durch das Tun geweckten Erinnerungen an früher auch das damalige Vergnügen *aneinander* wieder lebendig. Weil sie ein wenig Sauerstoffzufuhr bekommt, beginnt die Glut unter der Asche vielleicht sogar wieder ein wenig durchzuscheinen ...

Zum Thema des ungelebten oder nicht mehr gelebten Lebens gehört auch das *persönliche, zugewandte Gespräch* zwischen den Partnern. Dieses ist häufig im Laufe der Jahre fast vollständig versiegt – und zwar aus den gleichen Gründen wie gemeinsame lustvolle Unternehmungen: Man hat keine Zeit mehr dafür gefunden. Die beiden haben sich zwar abgesprochen, die Aufgaben verteilt, darüber reflektiert, ob und wie dieses oder jenes geklappt hat, sie haben über Kindererziehung diskutiert, vielleicht auch noch berufliche Probleme ausgetauscht – aber wirkliche Begegnung von Du zu Du, wirklich persönlicher Kontakt ist dabei nur sehr selten zustande gekommen.

So sind sie mehr und mehr »intimate strangers«, »intime Fremde« geworden, die zwar nahe zusammenleben, von denen aber keiner weiß, was den anderen wirklich bewegt. Dieses Gespräch wieder in Gang zu bringen, kann ebenfalls eine wichtige Aufgabe sein, die hier in Angriff genommen werden muss. Das persönliche Gespräch, in dem sich die Partner wieder »von Herz zu Herz« begegnen, ist wohl einer der wichtigsten Wege, »wieder ein Paar zu werden«. Dadurch vor allem gewinnen sie wieder ein Stück von dem, was sie von allen ihren anderen Beziehungen unterscheidet: eine nahe, persönliche Beziehung zueinander. Ein guter Weg kann sein, sich für solche Gespräche bestimmte Zeiten zu reservieren und auch bestimmte Regeln einzuhalten, die verhindern, dass sie einen unguten Verlauf nehmen. Sehr nützlich hat sich die Praxis des sog. »Zwiegesprächs« erwiesen, das M. L. Moeller entwickelt hat (Moeller 1988). Gerade für Paare, die schon viele Jahre zusammenleben, hat es sich als sehr hilfreich erwiesen, wieder zu echter Begegnung zu finden und wieder ein nach außen deutlich abgegrenztes Paar zu werden.

Unverziehenes verzeihen

Freilich klappt das bei weitem nicht bei allen Paaren, die es nötig hätten, auf Anhieb. Entweder sie schaffen es nicht, mit solchen Gesprächen oder gemeinsamen Unternehmungen zu beginnen, oder sie versuchen es, und es wird zur Enttäuschung: Man kommt nicht in Kontakt miteinander oder gerät in Streit, sodass am Ende die Entfremdung größer ist als am Anfang. Eine innige Begegnung kommt nicht zustande, die Barriere zwischen den beiden scheint – jedenfalls auf einer tieferen, persönlichen Ebene – unüberwindlich.

Worin besteht diese Barriere? Sehr oft reicht sie in die Vergangenheit der Beziehung zurück und besteht aus Verletzungen, die die Partner einander angetan haben oder die einer dem anderen zugefügt hat, und die nicht verziehen sind. *Unverziehene Verletzungen* aus der Vergangenheit schaffen zwischen Partnern häufig unüberwindlich scheinende Grenzen, die sie als Paar auf einer tieferen Ebene voneinander trennen. Wenn Paare in dieser Altersphase immer wieder aneinander geraten, sich wegen Kleinigkeiten immer wieder Vorwürfe machen, oder auch, wenn sie mehr oder weniger stumm nebeneinander her leben, dann sind dies oft Anzeichen solch »unerledigter Angelegenheiten« aus der Vergangenheit. Es geht dann häufig nicht um das gerade virulente Streitthema, wie die offen gebliebenen Fenster oder den vergessenen Einkauf, vielmehr äußert sich darin eine heute immer noch bohrende Verletzung von damals.

Wir erinnern uns in diesem Zusammenhang an ein Paar, das wir hier Maike und Dieter nennen. Beide waren Anfang Sechzig, er erfolgreicher Steuerberater, sie Mitarbeiterin in einer Bank. Immer wieder kam es zwischen ihnen zu Auseinandersetzungen, in denen sie ihm mangelndes Verständnis oder Rücksichtslosigkeit vorwarf. Oft waren diese Vorwürfe an ihn verbunden mit der Aussage: »Genau wie damals ...!«
Auf Nachfrage nach diesem »Damals« berichtete sie: »Als wir noch ein junges Paar mit zwei kleinen Kindern waren – ich kümmerte mich zu Hause um die Kinder, er stand am Anfang seiner beruflichen Laufbahn –, kam er eines Tages nach Hause und sagte, er hätte eben den Kaufvertrag für eine Wohnung in der Stadt X unterschrieben, es wäre eine so günstige Gelegenheit gewesen ...« Dies stürzte Maike in tausend Ängste, dass sie dies finanziell nicht schaffen würden, dass sie kräftemäßig den neuerlichen Umzug nicht packen würde, dass sie mit den Kindern dann ganz allein wäre usw. Aber Dieter hatte Fakten geschaffen und war auch nicht bereit, sie wieder rückgängig zu machen. Was blieb Maike – mit den beiden kleinen Kindern – anderes übrig, als sich seinen Plänen zu fügen!

Die finanzielle Situation verbesserte sich dann auch allmählich, die Kinder wurden größer, sie konnte wieder in ihren Beruf zurück und die beiden lebten sich nach und nach in der neuen Stadt ein. Damit war die Sache aber keineswegs erledigt: Denn dass er sie damals so überfahren und in diese Ängste gestürzt hatte, nahm sie ihm immer noch übel, und fast bei jeder Auseinandersetzung, in der er nicht gleich nachgeben wollte, holte sie »die Keule« heraus: »Genau wie damals, schon damals hast du …« Dies verschärfte sich sogar, als die Kinder schon aus dem Haus waren. Das lang zurückliegende Ereignis aus ihrer Paargeschichte tauchte jetzt, da die beiden wieder mehr zusammen waren, umso deutlicher aus der Vergangenheit auf und schaffte eskalierende Konflikte, auch wegen Kleinigkeiten.

Ähnlich ergeht es in dieser Phase vielen Paaren. Bei Maike und Dieter war es die Verletzung, dass er etwas, das sie sehr existentiell gemeinsam betraf, einfach über ihren Kopf hinweg allein entschieden hatte. In anderen Fällen kann es eine frühere Außenbeziehung sein, oder dass einer den Partner in einer schwierigen Situation allein gelassen oder mehr zu seinen Eltern als zu ihm gehalten hat und dergleichen mehr: Das jeweilige Ereignis ist zwar vorüber, es liegt vielleicht schon sehr lange zurück, aber es ist in der Seele des Verletzten immer noch als Wunde oder schlecht verheilte Narbe gegenwärtig. Wenn der andere daran rührt, ist es wieder da und tut wieder weh.

Dadurch wird für den Verletzten die Versuchung sehr groß, die Verletzung auch als Waffe zu benutzen, indem er sie dem anderen immer wieder vorhält und ihn dadurch immer wieder in die Position des Schwächeren bringt – denn das Geschehene kann ja nicht mehr ungeschehen gemacht werden. So eignen sich erlittene Verletzungen immer auch als Rache-Instrument, mit dem der andere klein gemacht wird. Das führt allerdings meist dazu, dass der andere dagegen angeht, Gegen-Vorwürfe macht und dass der Streit eskaliert. Ein Teufelskreis entwickelt sich, und die Sache kommt so nie an ein Ende. Meist leiden beide darunter, denn sie spüren natürlich, dass sie auf diese Weise immer weiter in eine Entfremdung voneinander driften, aber es zieht sie immer wieder in diese Dynamik hinein.

Es gibt hier nur einen Weg, der herausführt und hilft, wieder ein Paar zu werden, das sich in Liebe verbunden fühlt: *Einander zu verzeihen*. Dabei muss sich der Verletzte über eines klar werden: Es gibt nichts auf der Welt, was dieses Verzeihen in ihm bewirken kann, außer die eigene Entscheidung. Der andere, der verletzt hat, kann tun, was er will, er allein wird dem Verletzten das Verzeihen nicht entringen können.

Verzeihen ist vielmehr ein Akt des Willens, ist die Entscheidung, die Verletztheits- und Rache-Gefühle gegenüber dem anderen loszulassen, sie in sich nicht mehr zuzulassen. Vergebung entschuldigt dabei nicht die Tat des anderen, sondern bedeutet eine Veränderung der Einstellung zu ihm: Die verletzende Person wird wieder als moralisches Subjekt anerkannt (Kämmerer 2002, S. 184–187). In diesem Sinne steht Vergebung für die Wiederherstellung von Achtung und Respekt zwischen den Partnern – und dies ist gleichzeitig eine Grundbedingung für Liebe. So wird verständlich, warum solche Wunden aus der Vergangenheit nicht heilen können, warum sich wirkliche Liebe nicht wieder entwickeln kann, wenn ›der Stachel nicht gezogen wird‹.

Natürlich kann der »Verletzer« diese Entscheidung dadurch sehr erleichtern, dass er sich nicht mit Erklärungen herausredet, dass er keine Gegen-Vorwürfe macht, dass er vielmehr sein verletzendes Tun oder Unterlassen zugibt, also die Verantwortung dafür übernimmt und den Partner um Verzeihung dafür bittet. So kann das verletzende Geschehen von damals in der Vergangenheit versinken und sich nicht mehr mit dem Geschehen von heute störend vermischen.

Es war ein bewegender Augenblick in der Arbeit mit Maike und Dieter, als die beiden sich einander zuwandten und Die-

ter zu Maike sagte: »Ja, ich bin damals rücksichtslos über dich hinweggegangen. Es tut mir sehr leid. Bitte verzeih mir!«, und Maike erwiderte: »Ja, ich glaub dir das und es tut mir gut, dass du das so sagst. Ich verzeihe dir! Es ist jetzt gut zwischen uns!« Beiden traten die Tränen in die Augen, sie reichten sich die Hände und waren sehr erleichtert. Die Mauer zwischen beiden war weg, die Grenze zwischen ihnen wieder durchlässig. Sie waren wieder ein Paar, das Liebe miteinander verband.

Der andere ist anders ...

Was junge Paare in der Verliebtheitsphase miteinander verbindet, ist die intensiv erlebte, emotional und auch sinnlich erfüllende Liebe. Dieses Liebes-Erlebnis des Anfangs ist heute zum Liebes-Ideal schlechthin geworden. Das zeigen uns unzählige Fernseh-Soaps und die Berichte der Regenbogenpresse fast jeden Tag. Entspricht das Zusammenleben nicht mehr diesem Ideal und tritt die emotionale Intensität in den Hintergrund, was in aller Regel in jeder über die Zeit hin länger währenden Beziehung der Fall ist, entstehen darum häufig Zweifel, ob man denn noch mit der/dem »Richtigen« zusammen ist. Diese Zweifel melden sich nicht selten besonders nachhaltig in der beginnenden Altersphase.

Was bisher zusammengehalten hat, das ist nicht mehr diese intensive Verliebtheits-Liebe, sondern der Aufbau der Existenz, der gemeinsame Alltag, die Erziehung der Kinder. Das fällt aber jetzt – wie wir schon erwähnt haben – mehr und mehr weg. Die beiden stehen sich deshalb nun wieder viel direkter als Mann und Frau gegenüber, aber die Situation ist dennoch eine völlig andere als sie es in der Paarphase am Anfang war. Damals waren die beiden vor allem miteinander verbunden, weil sie so ideal zusammenzupassen schienen und einander glückhaft ergänzten. In den darauffolgenden Jahren sind aber unvermeidlich auch jene Seiten am Partner deutlich geworden, die einem fremd erscheinen und an denen man sich reibt. In manchen Punkten geht man sich jetzt auch mehr oder weniger stark auf die Nerven, erlebt den anderen fremd und darum schwer verständlich.

Was die Situation nicht selten verschärft, ist die Tatsache, dass sich in dieser Phase da und dort die ersten kleineren oder größeren Altersbeschwerden bemerkbar machen. Das lässt in einem der Partner oder in beiden die bange Frage hochkommen: Wird mich der andere damit ertragen, wenn es schlimmer werden sollte? Kann und vor allem will er mich versorgen, wenn es darauf ankommt?

Dies ist ein wesentlicher Grund, warum in dieser Zeit die Scheidungszahlen wieder ansteigen: Viele beginnen jetzt – beeinflusst durch das überzogene Liebesideal – bewusst oder unbewusst wieder die Fühler nach einer Einheits- und Verschmelzungs-Erfahrung auszustrecken, wie sie in der Verliebtheit erlebt wurde. Das kann seine – vielleicht erheblich jüngere – Mitarbeiterin in der Firma sein, oder auch der attraktive Arbeitskollege, den sie beim Wiedereinstieg in den Beruf kennenlernt. In solchen Begegnungen tauchen derartige Gefühle und Sehnsüchte wieder auf und sie scheinen dann eine Erfüllung zu versprechen, die mit dem eigenen Partner nicht mehr möglich ist.

Natürlich kann es sein, dass sich über die Jahre hin tatsächlich eine Entfremdung zwischen den Partnern eingestellt hat, die es auch in diesem Alter als die bessere Lösung erscheinen lässt, auseinanderzugehen und einen neuen Anfang zu wagen (s. Kapitel 9). Oftmals aber wird der Schritt zur Trennung vorschnell gemacht, und so wird in unnötiger Weise viel wertvolle Gemeinsamkeit zerstört: Die Verbundenheit der Familie, die beidseitigen guten Beziehungen zu den Kindern, alles, was man miteinander aufgebaut und geschaffen hat, geht verloren. Und das Tragische dabei ist, dass auch in der neuen Liebe nach einiger Zeit der Alltag einkehren wird, dass man auch am neuen Partner, der neuen Partnerin Seiten entdecken wird, die ganz und gar nicht zu einem passen, die einen stören und die zeigen, dass man auch in der neuen Beziehung das große Glück nicht gefunden hat.

Was es darum heutzutage dringend braucht, ist ein *realistischeres Liebesverständnis.* Von der Liebe zwischen Mann und Frau die vollständige Glückserfüllung zu erwarten, ist ein Irrweg. Es wird immer so sein, dass mein Partner in manchen Aspekten auch nicht zu mir »passt« und nie vollständig zu mir passen wird. Die Vorstellung von der vollständigen Verschmelzung in der Liebe loszulassen, ist darum der entscheidende Schritt zur Reife einer erwachsenen Liebe.

Für viele Paare ist gerade die beginnende Altersphase die Zeit, in der sie herausgefordert sind, diesen Schritt zu vollziehen. Was dafür zu entwickeln nötig ist, bezeichnet A. Retzer (2009) mit »resignativer Reife«. Diese besteht darin, die Illusion aufzugeben, »dass es in der Partnerschaft immer und zu allen Zeiten intensivste Gefühle der Nähe, möglichst wenig Konflikte, leidenschaftlichen Sex, tiefschürfende Gespräche und Gerechtigkeit geben muss« (Nuber 2009, S. 25). Resignativ ist diese Haltung, weil sie die Idealvorstellung von der vollkommenen Glückserfüllung in der Partnerliebe loslässt. Aber diese Haltung bedeutet Reife, weil sie Ja zu dem sagt, was uns Menschen hier in dieser Welt möglich ist: füreinander da zu sein und miteinander zu leben. Damit wird die »Zweiheit«, die »Dyade« des Paares, im Gesamtsystem gewissermaßen auf neue Weise wiederhergestellt, auf eine reifere Weise als es in der Phase der Verliebtheit möglich war.

Versöhnung mit der eigenen Vergangenheit

Die Phase, von der wir hier sprechen, ist – vor allem in ihrer Anfangszeit – nicht selten auch davon bestimmt, dass das Eltern-Paar, nachdem es die eigenen Kinder ins Leben entlassen hat, sich nun oft den eigenen Eltern zuwenden muss, weil diese alt, gebrechlich und krank geworden sind und Hilfe brauchen. Damit tauchen die *Herkunftsfamilien der Partner* wieder stärker in ihrem Leben auf, und damit auch die eigene Geschichte in Kindheit und Jugend.

Der 50-jährige Mann stellt etwa fest, dass ihn bei gewissen wehleidigen Äußerungen seines alten Vaters die gleiche Wut erfasst, die er als 15-Jähriger auf ihn hatte. Seine Frau regt sich genauso über die Selbstabwertungen ihrer alten Mutter auf, wie diese ihr als Mädchen auf die Nerven gegangen waren. Das kann sehr unangenehm sein und auch die Beziehung des Paares belasten, zum Beispiel dadurch, dass der Mann, der mit seinem alten Vater überhaupt nicht »kann«, sich nicht kümmert und die Sorge womöglich seiner Frau zumutet.

Es ist aber andererseits eine große Chance, auch in diesem Alter noch Frieden mit den eigenen Eltern zu schließen und sich mit ihnen zu versöhnen, was wiederum eine neue und friedvolle Nähe der beiden Partner zur Folge haben kann und damit ihrer Beziehung zugutekommt.

Dadurch, dass sich die Partner, auch im Gespräch und Austausch miteinander, jetzt nochmals oder erstmals damit auseinanderzusetzen beginnen, wie die jetzigen Gefühle den Eltern gegenüber mit der damaligen Familien-Situation zusammenhängen, wie gewissermaßen darin das alte Familien-System mit seinen Koalitionen und Ausschlüssen (siehe Kapitel 4) wieder aktualisiert und gegenwärtig wird, kann es zu einem tieferen Verständnis des Geschehenen kommen: Verständnis für das eigene »innere Kind«, das damals verletzt wurde oder etwas anderes gebraucht hätte, aber auch Verständnis für die Eltern, die damals vielleicht von ihrer Lebenssituation völlig überfordert waren und darum dem Kind auch nicht gerecht werden konnten.

Ein solcher Weg der Versöhnung kann also bewirken, dass das alte Familien-System, in dem die beiden Partner Kinder waren, sogar jetzt noch »in Ordnung kommt«, dass es noch möglich wird, die Familiengrenzen »richtig« zu ziehen. Dies hilft dann nicht nur, geeignete Wege für die Pflege der alten Eltern einzuschlagen und sie schließlich in Frieden zu verabschieden. Auch für ein neues Zusammenfinden des Paares kann dies sehr hilfreich sein: Die neue Auseinandersetzung mit den Familienthemen schafft Möglichkeiten besserer Einfühlung in den Partner und tieferen Verständnisses für sein Verhalten in vielen Lebenssituationen.

Eindrucksvoll wurde uns dies in folgendem Beispiel gezeigt: Hannelore litt darunter, dass mit Winfried kein anderes Gesprächsthema mehr möglich war als die Arbeit. Winfried ist Notar. Hannelore arbeitet, seit die Kinder aus dem Haus sind, in seiner Kanzlei mit und kümmert sich um Terminorganisation und Buchhaltung. Wenn Winfried spät abends nach Hause kam, erschöpft und müde, dann ging außer ein paar Absprachen bezüglich der Kanzlei nichts mehr. Auch am Wochenende war Winfried schonungsbedürftig, und gemeinsame Unternehmungen musste Hannelore ihm »aus dem Kreuz leiern«, ihm also Druck machen, sonst passierte überhaupt nichts.

Zwar freuten sich beide auf die Rentenzeit, weil sie viele gemeinsame Interessen haben, aber Winfrieds Arbeitswut gestaltete sich für Hannelore immer mehr zur Quelle von Frustration einerseits und zur Sorge um Winfrieds Gesundheit andererseits. »Dein Vater hat so lange gearbeitet, bis er am

Schreibtisch tot umgefallen ist!«, hielt sie ihm vor. »Wenn du mir Druck machst, wird alles nur noch schlimmer!«, wehrte er sich, denn seine Kraft reiche kaum mehr für die Arbeit und dann soll er zu Hause auch noch ›an der Beziehung arbeiten‹ – das sei ja wohl zuviel verlangt!

Wir analysierten seine Rolle in der Herkunftsfamilie, und daran wurde deutlich, dass er schon als Kind unter dem Erwartungsdruck seiner Mutter stand. Diese, aus ›gutem Hause‹ stammend, hatte aufgrund einer ungeplanten Schwangerschaft heiraten müssen, war aber an der Seite eines wenig erfolgreichen Buchhalters nie glücklich geworden. Das erste Kind starb kurz nach der Geburt, dann kam Winfried auf die Welt. Er sollte alles wieder gutmachen. Aus ihm sollte ein Kind werden, auf das die Mutter stolz sein konnte. Wenn er schlechte Noten nach Hause brachte, weinte die Mutter und sprach tagelang nicht mehr mit ihm. Winfried wäre gern Architekt geworden, aber das kam für die Mutter nicht infrage. Er musste Jura studieren und fügte sich in sein Schicksal.

Als er Hannelore kennenlernte, verlangte die Mutter, dass die Jung-Verliebten so lange getrennt lebten, bis Winfried sein Studium abgeschlossen hatte. Die Anerkennung der Mutter war für den Sohn die Messlatte für sein Handeln. Auf unsere Frage, wann denn die Anerkennung endgültig erreicht sei, wusste auch der Sechzigjährige noch keine Antwort. Die Mutter, mittlerweile über neunzig und dement, kann sie ihm ja nicht mehr geben. Innerhalb der Paartherapie schaffte es Winfried, sich mehr und mehr diese Anerkennung selbst zu geben. Damit durchbrach er das Antreibermuster »Ich bin nur in Ordnung, wenn ich mich permanent anstrenge«.

Seither kann er weit ›erwachsener‹ auf die Beziehungswünsche seiner Frau reagieren, kann ihnen entsprechen oder –

wenn es ihm zu viel wird – diese auf eine Weise zurückzuweisen, die für Hannelore nicht verletzend wirkt. Auch bei der Arbeit schafft er es jetzt, kürzer zu treten, und er hat auch begonnen, sich nach einem Nachfolger umzusehen, was angesichts seines Alters ja mehr als angemessen ist. Außerdem veränderte er auch die Beziehung zu seiner Mutter, er besucht sie seither regelmäßig und überlässt nicht mehr alles seiner Schwester. Und: Er kann jetzt ab und zu aus einem Lächeln der Mutter, auf das er früher nicht geachtet hatte, Dankbarkeit und Anerkennung lesen.

An diesem Beispiel wird deutlich, was sich uns in der Arbeit mit Paaren immer wieder zeigt: Auch in diesem vorgerückten Alter ist es durchaus möglich und sehr hilfreich, solche »Lebensthemen« aus der Kindheit anzusprechen und darüber einen Weg zu finden, starr gewordene Grenzen zwischen den Partnern und den Generationen wieder zu flexibilisieren und durchlässig zu machen.

Wiederbelebung der Sexualität

Wir haben in den vorausgehenden Kapiteln immer wieder darauf hingewiesen, dass nach der Verliebtheitsphase im Alltagsbetrieb von Partnerschaft und Familie die Gefahr besteht, dass der erotische und sexuelle Austausch des Paares in den Hintergrund tritt und oft ganz aufhört. Damit geht aber eine spezifische Erfahrung, die die beiden zum Paar macht, verloren. In der Familienphase liegen die Gründe für eine sexuelle Distanzierung, wie schon beschrieben (Kapitel 4), oft darin, dass die Grenzen innerhalb des Familien-Systems verschwimmen oder verletzt werden, indem sich die Beziehungen zu den Kindern erotisch einfärben, oder sich die erotischen Sehnsüchte nach außen wenden, was nicht selten das Gesamtsystem in seinem Bestand bedroht.

Aber auch dann, wenn dies nicht der Fall war, weil man trotzdem zusammengehalten hat und die Kinder davon auch nicht betroffen waren, ist die Sexualität meist auf die ›hintere Herdplatte geschoben worden‹. Man hat gelernt, dass die Lust auch mal warten kann, wenn anderes Wichtiges zu bewältigen ist. Wir sind ja ein gutes Team, heißt es dann. Wir haben so viel Gemeinsames, und jeder hat noch sein Hobby, da ist der Sex gar nicht mehr so wichtig. Außerdem ist da noch die leidige Frage der Verhütung. Der Kinderwunsch ist erfüllt: Auf keinen Fall noch ein Kind, da sind sich beide einig. Die Frau will sich aber nicht mehr mit Hormonen belasten (»so selten wie wir miteinander schlafen«), der Mann entwickelt eine Abneigung gegen Kondome, weil er sich möglicherweise seiner Erektion nicht mehr so sicher ist, wie in frühen Jahren, und für eine Sterilisation können sich beide nicht entscheiden: Nicht selten bleibt dann die Sexualität auch aus Mangel an Verhütungsmöglichkeit vollends auf der Strecke.

Ein weiterer Grund dafür kann in einem tragischen ›Missverständnis‹ liegen:

Florian und Gertrud stehen stellvertretend für viele ›alte‹ Paare aus unserer Praxis: Die beiden berichteten bekümmert, dass sie seit 5 Jahren gar keinen Sex mehr haben. Vorher auch nur gelegentlich, seit der Menopause gar nicht mehr. Inzwischen schlafen sie auch getrennt, »weil sowieso nichts läuft und wir dafür jetzt mehr schnarchen und uns gegenseitig stören«. Lust haben sie allerdings noch aufeinander, aber keiner will auf den anderen zugehen. Warum? »Früher war es so, dass ich immer den ersten Schritt tun musste«, erzählte Florian. »Gertrud machte dann schon mit, aber eben nicht von sich aus. Sie klagte oft darüber, dass es immer nur abends im

Bett ›stattfand‹. Dann war sie müde und lustlos. Als die Kinder aus dem Haus waren, dachte ich, jetzt können wir es auch tagsüber tun, war mir aber gleichzeitig unsicher, was sie von mir erwartete und wie ich ihr Lust machen könnte. Also machte ich halbherzige Andeutungen und verlegte mich aufs Warten. Und das tue ich bis heute.«
Gertrud: »Als du nicht mehr auf mich zugekommen bist, dachte ich, du findest mich nicht mehr attraktiv. Ich hatte in den Wechseljahren zugenommen und fand mich mit meinen wabbeligen Rundungen selbst nicht mehr schön. Und dann ziehst du dich auch noch zurück. Da wollte ich lieber allein im Bett schlafen, als das Risiko einzugehen, deine Abneigung zu spüren zu bekommen.« Wie gut, dass es Florian und Gertrud jetzt endlich geschafft hatten, aus dem Schweigen auszubrechen und einen Neuanfang miteinander zu wagen!

So oder ähnlich stellt sich aufgrund unterschiedlicher vorausgehender Entwicklungen bei vielen Paaren in der Altersphase, vor allem in der Zeit der »jungen Alten«, das Thema Sexualität wieder neu. Denn nun sind die beiden wieder allein in ihrer Wohnung, man trifft sich wieder öfter, verbringt mehr Zeit miteinander und niemand stört mehr diese »Zweisamkeit«. Die Wechseljahre sind vorbei. Verhütung ist kein Thema mehr. Das lässt auch die Frage nach der gemeinsamen Sexualität wieder hochkommen. Man darf nicht unterschätzen, welchen Unterschied das im Vergleich zu früheren Generationen bedeutet. Damals sah man es als normal an, wenn die Sexualität zwischen langjährigen Ehepartnern mit fortschreitendem Alterungsprozess ganz erlosch. Oft waren diese aufgrund der schlechteren gesundheitlichen Situation auch gar nicht mehr in der Lage dazu.

Heute ist dies anders. Aufgrund der im Durchschnitt viel länger aufrechterhaltenen Vitalität der Partner ist Sexualität ja durchaus noch möglich und das Verlangen danach nach wie vor wach. Allerdings richtet es sich dann oft nicht mehr unbedingt auf den Partner. Denn man hat sich zu sehr an ihn gewöhnt. Es ist eine Vertrautheit zu ihm oder aber ein Fremdheitsgefühl entstanden, sodass erotisch nichts mehr zum Schwingen kommt. Man hat sich schlicht daran gewöhnt, »wie Bruder und Schwester« zusammenzuleben, und je länger dies der Fall ist, desto »unempfindlicher« wird man im erotischen Bereich und desto mehr wird das Thema zum Tabu.

Es versinkt im Schweigen – aber das Thema ist keineswegs erledigt. Es meldet sich in sexuellen Fantasien, die sich aber nicht auf den Partner oder die Partnerin beziehen. Es meldet sich – in der Mehrzahl bei Männern – auch in Cyber-Sex oder ähnlichen Praktiken oder aber – immer häufiger – in tatsächlichen Außenbeziehungen und Trennungen als Konsequenz daraus. Es ist also in der Regel bei den Paaren dieser Phase alles noch da, was es braucht: die Vitalität, die Lust daran, das Verlangen danach … Aber es richtet sich meist nicht mehr aufeinander, sondern geht anderswo hin, und das zieht das Paar »auseinander«, lässt die Grenze um das Paar-System verschwimmen oder ganz verschwinden. Was ist zu tun?

Das erste ist: *Man muss es wieder miteinander tun!* Aber geht das denn? Wenn ich gar keine Lust mit meinem Mann, mit meiner Frau darauf habe? Hier zitieren wir wieder den Satz von Ulrike Brandenburg: »Man muss keine Lust darauf haben, um mit seinem Partner/seiner Partnerin Sex zu haben!« Man kann es auch ohne Lust machen, wenn man die Sache wieder in Gang bringen will.

Freilich gibt es – und das ist das zweite, was hier zu sagen ist – einige wichtige Begleitmaßnahmen, damit es gelingen kann. Man muss sich zunächst von der Illusion verabschieden, der Sex müsste so leidenschaftlich werden, wie er einmal war oder wie er uns als »Normalfall« in den Medien vorgegaukelt wird. Sexualität zwischen Partnern, die sich schon lange kennen, ist vielleicht nicht mehr so leidenschaftlich wie die eines Seitensprungs zum Beispiel, aber er lässt die Partner oft eine Innigkeit der Begegnung erfahren, die so in keinem anderen gemeinsamen Tun erfahren wird und die sie wieder tief und ganzheitlich – seelisch *und* körperlich – miteinander verbindet. Allerdings: Man darf nicht darauf warten, dass »es« von selber passiert. »Sexualität in der Dauerbeziehung muss man wollen«, schreibt ein anderer erfahrener Sexualtherapeut, Ulrich Clement, in einem Artikel (Clement 2005).

Die zweite wichtige »Begleitmaßnahme« benennen wir hier mit dem Stichwort *»zugewandte Autonomie«*. In der Phase des Paares, von der wir hier sprechen, ist das Problem meist nicht mehr das mancher jungen Paare in der Phase der Paarwerdung, dass die Sexualität in zu viel Vertrautheit und undifferenzierter Nähe erstickt (s.o., Kapitel 2, S. 30ff.), sondern dass sie deshalb nicht mehr lebendig ist, weil die Partner zwar im Laufe der hinter ihnen liegenden Jahre viel Autonomie und Individualität entwickelt haben, aber sich dabei mehr oder weniger aus den Augen verloren haben.

Georgs Begeisterung zum Beispiel galt in der Freizeit dem Segelfliegen. Weil seine Frau Ingeborg deshalb Angst um ihn hatte und immer wieder an seine Verantwortung für die Familie erinnerte, hatte er dieses Hobby in der Kinderphase aufgegeben. Als die Kinder aus dem Haus waren, nahm er es wieder auf, was seine Frau alles andere als begeisterte. Ihre »Leidenschaft« galt inzwischen dem Yoga, und als sie anfangs davon Georg erzählte und dabei auch ein wenig für den gut aussehenden Yoga-Lehrer schwärmte, reagierte dieser derart schroff darauf, dass das Thema von beiden gemieden wurde. Die beiden erlebten sich immer mehr »wie auf einem anderen Stern«. Sie waren sich fremd geworden, und das trug wesent-

lich dazu bei, dass es auch kaum noch sexuelle Begegnungen gab.
Hier bewährte sich, was wir auch schon in anderen Fällen erlebt haben: Durch entsprechende Anregungen unsererseits begannen die beiden, an der »Leidenschaft« des anderen wieder mehr Interesse zu entwickeln. Und nicht nur das. Ingeborg, die selber zu viel Angst gehabt hätte, sich in ein Flugzeug zu setzen, ließ sich von Georg ein Video zeigen, das er »über den Wolken« gedreht hatte, und begann mit wachsendem Interesse seinen begeisterten Schilderungen zu lauschen, während er sich von Ingeborg die eine oder andere Yoga-Übung zeigen und deren Sinn und Wirkung erklären ließ. Auch von der Harmlosigkeit ihres Schwärmens für den Yoga-Lehrer ließ er sich überzeugen. Auf diese Weise wurde eine bis dahin »kontaktlose« zu einer »zugewandten Autonomie«. Dies belebte dann in der Konsequenz auch wieder ein neues sexuelles Interesse der beiden aneinander.

In solchen Prozessen findet so etwas wie ein »neues Verlieben« statt, weil dem einen – ähnlich wie in der Verliebtheitsphase – das »Anderssein« des anderen auf faszinierende Weise wieder nahekommt. Nach Esther Perell (2010) wirkt ja nichts so erotisierend wie den anderen in seiner individuellen »Leidenschaft« zu erleben.

Schließlich die dritte Begleitmaßnahme: Den Mut zu haben, miteinander *neue Wege in der Sexualität* zu gehen. Abgesehen vom Einsatz von Hilfsmitteln, wie Feuchtigkeitscremes oder Erektionshilfen und dergleichen, die durchaus schon einen hilfreichen »Tabubruch« darstellen können, geht es hier unter Umständen auch um andere »Tabubrüche«, zum Beispiel, dass man nicht immer einen gleichzeitigen Orgasmus haben muss, dass man auch ohne eigenen Orgasmus dem anderen zu einem »einseitigen« verhelfen und sein Vergnügen daran haben kann, und dass es überhaupt nicht auf den Orgasmus ankommt, sondern auch »Slow Sex« (Richardson 2012) mit oder ohne Orgasmus sehr beglückend sein kann. Hier eröffnet sich die Chance, sich von manchen sexuellen »Zwangsvorstellungen« der jungen Jahre zu befreien und störenden Leistungsdruck abzubauen. So kann Sexualität sogar neu und ganzheitlicher in die Gesamtperson integriert werden.

Neue Aufgaben

Wir haben davon gesprochen, dass sich um die Lebensmitte oft die Frage nach der erfüllenden Lebensaufgabe stellt. Anfangs ist diese Frage meist – bei Frauen und Männern allerdings in unterschiedlicher Weise – auf den Beruf bezogen. Im Laufe der Jahre naht aber nun – jedenfalls für die Nicht-Selbständigen – das Berufsende. Auch hier können für die Paarbeziehung erhebliche Probleme entstehen, weil durch das Ausscheiden aus dem Beruf, das in der Regel beim Mann früher erfolgt als bei der Frau, das Zusammenleben sehr stark verändert wird. Wenn die Frau noch oder wieder berufstätig ist und sich hier vielleicht stärker als je zuvor engagiert, stellt sich die Frage: Hält der Mann ihr nun, in Umkehr traditioneller Rollenmuster, »den Rücken frei« – durch Einkaufen, Kochen, Wäsche versorgen usw.?

Manchmal sehen Männer darin ihre Chance, etwas von dem, was die Frauen früher für sie getan haben, zurückzugeben und so einen guten Ausgleich zu schaffen. Es stellt sich aber die Frage, ob sie diese Aufgabe ausfüllt. Und diese Frage stellt sich natürlich auch für die Frauen, wenn sie aus dem Berufsleben ausscheiden. Wie geht nun ein »Ruhestands-Paar« mit seiner Zeit um?

Die heutigen Diskussionen um den rechten Zeitpunkt, an

dem der Ruhestand beginnen soll, zeigen wieder, dass der durchschnittliche körperlich-psychisch-mentale Zustand der Menschen in diesem Alter noch stärkere Herausforderungen braucht. Nicht zuletzt, damit sich das Paar nicht anzuöden beginnt. Zum »Wieder Paar Werden« in dieser Phase kann also auch gehören, sich der Frage zu stellen: Welche neue Aufgabe könnte ich übernehmen? Die vielen Bereiche für ehrenamtliches Engagement, die heutzutage in bürgerlichen und kirchlichen Gemeinden zugänglich sind, können gute Möglichkeiten bieten.

Wichtig ist hier vor allem, dass man seine Zeit nicht vorwiegend mit passivem Konsum, mit Fernsehen, übermäßigem Essen und Trinken und dergleichen vergeudet. Wertvoll erlebt man das eigene Leben, wenn man sich für Wertvolles engagiert. Was man hier gibt, kommt als Reichtum wieder zu einem zurück – und erfüllt auch das Zusammenleben wieder mit Inhalt und Tiefe.

Auch gemeinsames Engagement für die gleiche soziale oder weltanschauliche Aufgabe kann hier der Paarbeziehung neue Inhalte und neuen Sinn verleihen. Gewiss besteht die Aufgabe, »wieder ein Paar zu werden«, wesentlich darin, die Dyade der beiden Partner, das intime Miteinander und Füreinander wiederzubeleben. Wichtige Impulse dazu können aber auch vom gemeinsamen Engagement für ein neues »Drittes« ausgehen. Indem sich die Dyade in solchen Engagements immer wieder zur »Triade«, zur »Dreierbeziehung«, öffnet – im Engagement für Bedürftige beispielsweise oder in der Alten-Arbeit oder anderen Betreuungsaufgaben, kann auch die Beziehung zum Partner einen neuen und belebenden Inhalt bekommen.

Dazu gehört natürlich auch die Aufgabe als Großeltern, wenn die eigenen Kinder für Nachwuchs sorgen. Hier geht es dann nicht mehr nur darum, wieder ein Paar zu werden, sondern in der erweiterten Familie auch wieder eine spezifische Art von fürsorglicher Eltern-Funktion zu übernehmen. Natürlich sollen die alternden Paare ihre neuen Freiheiten auch genießen dürfen, es kann aber auch eine sehr erfüllende und für das Gesamtsystem wichtige Aufgabe sein, sich in besonderer Weise um die Enkel zu kümmern.

Einerseits entlastet dies in vielen Fällen die erwachsenen Söhne und Töchter in ihrer Elternaufgabe, was bei dem Mangel an Betreuungsplätzen heute immer noch eine große Bedeutung haben kann, andererseits können Großeltern ihren Enkelkindern auch sehr heilsame »korrigierende Eltern-Erfahrungen« vermitteln, weil sie über mehr Erfahrung, mehr Zeit und Gelassenheit verfügen als die jungen Eltern. Hier eröffnet sich auch die große Chance, frühere Konflikte und Entfremdungsprozesse zwischen Eltern und Kindern auszugleichen und zu kompensieren, wenn diese Kinder, jetzt selber Eltern, erleben, wie sehr die Großeltern ihren Kindern zugetan sind und sich für sie hilfreich einsetzen.

Abgeben, übergeben, weitergeben

Wir haben in diesem Buch bisher den Weg des Paares vom Zeitpunkt der Paarwerdung in der Verliebtheitsphase über die Zeit des Zusammenlebens, der gemeinsamen Elternschaft in ihren verschiedenen Stadien bis zum »Wieder-Paar-Werden« und zur Großelternschaft in der Altersphase begleitet. Mit fortschreitendem Alter gehört nun auch dazu, dass das Paar in seiner Bedeutung für das gesellschaftliche Leben Schritt für Schritt in den Hintergrund tritt. Das Berufsleben ist gelebt, die Kinder sind erwachsen und haben selber Kinder. Das öffentliche Leben wird mehr und mehr von der nachrückenden Generation bestimmt.

Das heißt auch, dass das alternde Paar im Gesamt des Familien-Systems eine ganz neue Rolle zu spielen beginnt: Zu dieser Rolle gehört das Abgeben, Weitergeben, Übergeben. Eigentum muss überschrieben, ein Betrieb muss übergeben, testamentarische Regelungen müssen getroffen und Finanzen geregelt werden. Auch Dinge wie Patienten-Verfügung und Regelungen bezüglich künftiger Pflegebedürftigkeit gehören in diesen Zusammenhang.

Freilich ist es nicht einfach, diese Dinge schon frühzeitig in die eigenen Hände zu nehmen. Denn man wird dadurch ganz unmittelbar mit dem bevorstehenden Ende des Lebens konfrontiert. Dem Tod hier offen ins Gesicht zu schauen, braucht Mut und Gelassenheit – es bringt aber für die Partner auch große Erleichterung mit sich. Denn wenn mit fortschreitendem Alter diese Dinge nicht geklärt werden, beunruhigt das immer wieder – vor allem auch das alte Paar selbst, weil das Unerledigte im Hintergrund immer wieder an die Tür des Bewusstseins klopft und geregelt werden will. Davon kann man sich befreien durch den mutigen Entschluss, die genannten Angelegenheiten Schritt für Schritt zu regeln und – soweit sie davon betroffen sind – auch die erwachsenen Söhne und Töchter darüber zu informieren.

Selbstverständlich können die alten Eltern auch die Unterstützung ihrer Kinder in Anspruch nehmen. Aber sie können auch sehr viel für deren Entlastung tun und ihnen selber auf diese Weise Freiraum für ihr eigenes Leben, das ja oft komplex genug ist, schaffen. Dafür sollten sie durch Testament, Patientenverfügung, Regelungen für den Fall von Pflegebedürftigkeit usw. die eigenen Angelegenheiten so weit wie möglich noch selber in die Hand nehmen. Sie nehmen dadurch ihren Kindern große Lasten von Verantwortung ab.

Auch können sie dadurch der Gefahr vorbeugen, dass die Kinder untereinander ihretwegen in unerquickliche Streitereien geraten, wenn sie zum Beispiel den (letzten) Wunsch der Eltern unterschiedlich interpretieren. So können derartige »äußere« Regelungen einen wesentlichen Teil dazu beitragen, dem Ende des eigenen Lebens in innerem Frieden entgegenzugehen.

Wenn sie diese Aufgabe beherzt miteinander angehen, werden sie auch dadurch das Gefühl bekommen: Wir beide gehören zusammen, auch angesichts des bevorstehenden Endes. Es kann eine neue Intimität entstehen im gemeinsamen Zugehen auf den Tod, auf dieses ›neue Dritte‹, das nun mehr und mehr in ihr Leben tritt. In diesem Sinn werden auch die Grenzen um das Paar-System neu gezogen: Die Ernte des Lebens ist eingebracht. Man freut sich gemeinsam am miteinander Geschaffenen, man kann die Sorgen und Nöte der Jüngeren auch schon mit mehr Abstand betrachten. Besitz verliert an Bedeutung. Philemon und Baucis, das mythische alte Paar (Jellouschek 2005), gibt seinen Besitz mit vollen Händen, um den Gästen Gastfreundschaft zu gewähren. Und die Gäste, die sich schließlich als Götter zu erkennen geben, gewähren dem Paar ewige Liebe …

Wenn der Partner schwer erkrankt

Dadurch, dass viele Menschen heute sehr viel älter werden, als es früher der Fall war, wird auch die Zahl derer, die an schweren alterstypischen chronischen Erkrankungen leiden, immer größer. Dies bringt eine Reihe von spezifischen Problemen mit sich. Wir möchten hier den Blick vor allem auf den mittlerweile immer häufiger werdenden Fall richten, dass einer der beiden Partner an Alzheimer, dieser besonders schweren Form von Altersdemenz, erkrankt. Dies kann nämlich bedeuten, dass sich in der späten Lebensphase die Paarbeziehung noch einmal vollkommen verändert, was ganz neue Herausforderungen, vor allem für den gesunden Partner, mit sich bringt.

Der erkrankte Partner ändert sich – in jeweils sehr unterschiedlichem Tempo – Schritt für Schritt in seiner gesamten Persönlichkeit. Der Partner, der dies miterlebt, steht dem ohnmächtig gegenüber. Kein Wunder, dass trotz allem Fürsorge-Willen in ihm auch ganz andersartige Gefühle hochkommen können: Hilflosigkeit, Ärger, Wut – auch auf den Erkrankten selbst, weil es einfach ärgerlich ist, wenn er plötzlich alles vergisst, alles falsch macht, in die falsche Richtung rennt usw.

Hier zu einer geduldigen Haltung zu finden, ist eine schwere Aufgabe, die sehr viel Selbstdisziplin verlangt. Der Gesunde erlebt ja nichts weniger, als dass der Erkrankte sich Stück für Stück aus der Paarbeziehung verabschiedet. Er wird ein anderer. Damit kündigt er – ohne es natürlich zu wollen, ja ohne es überhaupt mitzubekommen – die Beziehung auf, errichtet eine Grenze zwischen sich und dem liebenden Partner, oder besser noch: die Krankheit errichtet diese Grenze unaufhaltsam. Der gesunde Partner wird zum Pfleger/zur Pflegerin. Es ist kein persönliches Gespräch mehr möglich, man kann sich nicht mehr austauschen, man hat keine gemeinsamen Bezugspunkte mehr. Das ist immer wieder verwirrend, ja auch kränkend.

Manche der gesunden Partner, vor allem die Frauen, machen hier den Fehler, dass sie diesen Tendenzen mit Überfürsorge begegnen wollen. Sie opfern sich auf. Sie sind nur noch für den Erkrankten da. Damit überfordern sie sich häufig, und das schadet nicht nur ihnen. Auch der Erkrankte hat nicht selten darunter zu leiden. Denn die Wut und der Ärger, die von dieser Überfürsorge verdeckt werden, brechen dann manchmal sehr heftig auf und entladen sich auf den Kranken, der nicht weiß, wie ihm geschieht und dadurch nur noch mehr in Verwirrung gerät.

Was für den gesunden und pflegenden Partner hier angesagt ist, ist *Selbst-Fürsorge*. Das heißt, dass er für seine Fürsorge und Pflege am Kranken das rechte Maß findet und nicht aufhört, vielmehr damit beherzt anfängt, auch sein eigenes Leben zu leben, eigene Kontakte zu pflegen und die eigenen Aufgaben weiter zu verfolgen. Dadurch wird ein Geben aus eigenem Reichtum möglich, aus einem überströmenden Herzen, wie bei einem Brunnen, der reichlich Wasser gibt, aber erst nachdem er die eigenen Schalen damit gefüllt hat.

In der Praxis heißt das unter anderem meist, dass der Pflegende dem Erkrankten zumutet, zeitweise auch von anderen Betreuungspersonen versorgt zu werden, oder für eine Tagespflege eine entsprechende Einrichtung in Anspruch zu nehmen. Wenn der Demente hier in eine Gruppe aufgenommen wird, die miteinander zum Beispiel Kaffee trinkt, singt oder einfache Spiele macht, kann ihn das sogar sehr erleichtern und neue Freude in sein Leben bringen.

Das heißt aber mit anderen Worten: Der Gesunde muss realisieren, dass sich die Beziehung zum kranken Partner radikal verändert. So sagte Inge Jens über ihren Mann Walter Jens, den ehemals prominenten Literaturwissenschaftler und nun Alzheimer-Erkrankten klar und nüchtern, dass ihre Partnerschaft dadurch eigentlich aufgehört hätte, zu existieren. Das schließt nicht aus, dass zwischen beiden auf Grund des vergangenen gemeinsamen Lebens noch immer eine tiefe innere Verbindung besteht, die den Erkrankten für seinen Partner nach wie vor einen besonderen Menschen sein lässt. Aber für das aktuelle Leben bedeutet es, dass der Gesunde nun verstärkt sein eigenes Leben leben darf und muss, um etwas von dem zu bekommen, was er in der Beziehung nicht mehr bekommt. Dann wird es ihm auch möglich sein, ohne Groll und Verzweiflung seinen Teil der Pflege und Betreuung des Partners auf eine wohlwollende und zugewandte Weise zu leisten.

Es klingt zwar drastisch, aber es ist so: Im Fall einer derartigen, die Persönlichkeit massiv verändernden Erkrankung hört das Paar auf, ein Paar zu sein. Was das Paar zum Paar gemacht hat, hat aufgehört zu existieren: Es gibt keine gleiche Augenhöhe, es gibt keinen intimen Austausch, kein wechselseitiges Geben und Nehmen mehr. Die Partner-Liebe, der »Eros«, ist vielleicht noch in der Erinnerung da, sie hat sich aber – wenn es gut geht – in eine fürsorgliche Liebe, also in die »Agape« verwandelt. Es ist eine Pfleger-Pflegling-Beziehung geworden, ein einseitiges Geben, das nichts Gleichwertiges zurückbekommt, so wie es auch bei der Liebe zu einem Kind der Fall ist. Das zu realisieren und beherzt zu beginnen, hier für sich selber zu sorgen, kann von Ansprüchen an sich selbst und den anderen befreien, die sich sonst nur destruktiv auswirken.

Mit Bezug zu unserem Grenzen-Thema geht es hier darum, eine Grenze, die die Krankheit gezogen hat und die sich der eigenen Kontrolle entzieht, anzuerkennen und dennoch keine starre Grenze daraus zu machen. Das würde heißen, nur noch die Versorgung zu organisieren wie eine Pflegekraft – aber mit dem Herzen nicht mehr dabei zu sein, nicht mehr die Verbundenheit durch die gemeinsame Geschichte und die Vertrautheit miteinander zu sehen.

9. Kapitel

Späte Liebe – neue Partnerschaft im Alter

Ähnlich wie in unserem Kapitel über die Patchworkfamilie wenden wir uns nun wieder einer besonderen Konstellation zu, die entsteht, wenn Partner im vorgerückten Alter, von dem das letzte Kapitel handelte, eine neue Lebensbeziehung eingehen – entweder weil ihr bisheriger Partner verstorben ist, oder weil sie sich in dieser Phase noch für eine Trennung entschieden oder diese erlitten haben. Solche Verbindungen werden immer häufiger, einerseits, weil immer mehr Menschen in relativ gutem Gesundheitszustand immer älter werden, und andererseits, weil Trennungen auch in diesem Alter heutzutage nicht mehr so tabu wie früher sind und darum eher vollzogen werden.

Auch sind Frauen meist nicht mehr wie früher durch finanzielle Abhängigkeiten an den Ehemann gebunden und können sich daher freier für ein Leben allein oder in einer anderen Beziehung entscheiden. Schließlich trägt zur steigenden Zahl solcher Verbindungen wohl noch bei, dass eine neue Liebe im Alter auch gesellschaftlich in der heutigen Zeit in der Regel wohlwollender betrachtet wird als in früheren Jahrzehnten. »Liebes-Sensation! Mit 73 Jahren fand seine Mutter einen neuen Mann!«, war vor kurzem in einer Illustrierten als Schlagzeile über die Mutter eines bekannten Fernsehmoderators zu lesen …

Wir hören auch immer wieder, dass Paarbeziehungen im vorgerückten Alter oft sehr glücklich sind. Dazu tragen mehrere Faktoren bei: Nach einer langen Zeit des Alleinseins kann die neue Zweisamkeit besonders genossen werden. Die größere Lebenserfahrung bringt es mit sich, dass die älteren im Vergleich zu jungen Paaren meist realistischere Erwartungen an eine Beziehung haben und darum nicht so schnell voneinander enttäuscht sind. Sie sind oft auch toleranter geworden gegenüber manchen Eigenarten des Partners, und sie können es als Geschenk annehmen, dass ihnen in dieser späten Phase des Lebens noch diese Liebe zuteil wird. Sie haben keinerlei Antrieb mehr, danach zu fragen, ob es für sie vielleicht nicht doch noch einen besseren Partner/eine bessere Partnerin auf der Welt geben könnte. Schließlich haben sie im Laufe ihres Lebens mit Grenzziehungen verschiedenster Art ihre Erfahrungen gemacht. All das macht solche Beziehungen oft sehr stabil und tragfähig.

Aus dem Blickwinkel unseres Themas gesprochen bedeuten solche Verbindungen, dass ein neues Paar aus zwei Menschen entsteht, die aus zwei verschiedenen Familien-Systemen kommen, denen sie bisher angehört haben. Eine neue Grenze wird gezogen, zwei Menschen rücken als Paar zusammen, die bisher zwei »verschiedenen Welten« angehörten. Das geht, wie gesagt, oft sehr gut, es kann aber für alle Beteiligten auch recht schwierig werden. Dazu möchten wir etwas genauer auf zwei Konstellationen schauen, die hier festzustellen sind: Einmal auf Paare, die etwa im gleichen – vorgerückten – Alter sind und zum anderen auf Paare mit einem großen Altersunterschied.

Paare im vorgerückten Alter – Das Gewicht der Vergangenheit

Margot war 60, Philipp 64 Jahre alt, als sie sich miteinander auf eine neue Lebensbeziehung einließen. Margot hatte sich von ihrem Mann schon vor längerer Zeit getrennt, Philipps Frau war vor ein paar Jahren gestorben. Beide hatten bereits erwachsene Kinder aus ihren Ehen, Margot zwei Töchter, Adelheid und Birgit, Philipp einen Sohn, Richard. Sie alle hatten bereits eigene Partner und lebten nicht mehr zu Hause. Philipp und Margot hatten sich kurz nach ihrem Kennenlernen bereits heftig ineinander verliebt und der Gedanke, auch das Leben miteinander zu teilen, stellte sich bei beiden ziemlich rasch ein, auch aus dem Gedanken heraus: »Wer weiß, wie viele Jahre uns noch gegeben sind!« Da Philipp über ein geräumiges Haus verfügte, zog Margot bald bei ihm ein. Damit wurde konkret und nach außen sichtbar dokumentiert: Hier hat etwas Neues begonnen, eine neue Paarbeziehung hat sich konstituiert!

Der Prozess der Paarwerdung hatte aber noch einige schwierige Klippen zu überwinden, mit denen die beiden nicht gerechnet hatten. Es stellte sich nämlich im täglichen Zusammenleben heraus, dass es bei aller Liebe auch Unterschiede zwischen den beiden gab, die sie sehr bald als störend empfanden. Beide kamen, wie gesagt, aus verschiedenen Familien-Systemen, damit aber auch aus zwei verschiedenen Welten mit unterschiedlicher Geschichte. Jahrzehnte lagen hinter ihnen, die sie jeweils unterschiedlich geprägt hatten. Dies kam im Alltag immer wieder zum Tragen: Philipp war es gewohnt, das Geld eher zusammenzuhalten (auch im Interesse des Erbes für seinen Sohn), Margot dagegen liebte es, großzügig zu sein und sich auch mal etwas Außergewöhnliches zu gönnen. Margot ging gerne aus, zum Beispiel

zum Senioren-Tanztee, Philipp ließ sich zuerst darauf ein, entwickelte aber im Laufe der Zeit einen Widerwillen dagegen, weil er eigentlich früher nie Spaß am Tanzen gehabt hatte.
Dafür hätte er an diesen Nachmittagen viel lieber mit Margot in seinem Garten, seinem leidenschaftlichen Hobby seit jeher, die Rosen geschnitten, was diese aber wiederum gar nicht schätzte, weil sie in ihrer bisherigen Geschichte mit Gartenarbeit nie etwas zu tun hatte. Wenn Margots kleine Enkeltochter zu Besuch bei ihnen war, freuten sich beide zwar sehr über die Kleine, gerieten sich aber immer öfter darüber in die Haare, was man dem Kind gewähren und was man ihm versagen sollte.
Trotz allen guten Willens auf beiden Seiten gelang es ihnen immer seltener, sich in diesen Unterschiedlichkeiten zu verständigen, sich darin dem anderen anzupassen oder die eigenen Gewohnheiten zu verändern. Sie gerieten häufig in Streit, und der Gedanke, doch nicht die richtige Wahl für ihren letzten Lebensabschnitt getroffen zu haben, quälte sie immer mehr. In dieser Situation wandten sie sich an uns.

Zunächst entlastete es die beiden, mit unserer Hilfe herauszufinden, dass sich in den Unterschieden, die ihnen zurzeit zu schaffen machten, eigentlich nichts anderes zeigte, als das, was sie zunächst aneinander besonders angezogen hatte: Nämlich dass Margot die immer Flexible und Bewegliche war, während Philipp in seiner Eigenart mehr Ruhe und Beständigkeit einbrachte. Das hatten die beiden anfangs als glückhafte Ergänzung erlebt, und nun sahen sie, dass auch die konflikthaften Gegensätzlichkeiten ihres Zusammenlebens nichts anderes waren als Ausdrucksformen dieser ursprünglich faszinierenden Unterschiedlichkeit. Dadurch bekamen sie eine viel positivere Sichtweise ihres Konflikts. Zudem realisierten sie immer mehr: Jeder der beiden hatte Jahrzehnte ohne den anderen hinter sich.

Margot war in diesen Jahren durch die langwierigen Konflikte mit ihrem Mann ständig herausgefordert gewesen, sich auf neue Situationen einzustellen und auf »Überraschungen« zu reagieren. Philipp dagegen lebte in einer sehr stabilen, manchmal auch ein wenig zur Erstarrung tendierenden Familiensituation. Stabilität und gleiche Abläufe waren sein Alltag gewesen. So hatten die beiden Verhaltensweisen ausgeprägt, die sie im gemeinsamen Alltag manchmal unvereinbar erlebten. Beide mussten realisieren, dass die langen Jahrzehnte ohne den anderen die beiden in ihrer Individualität stark geprägt hatten.

Das bedeutete in der ersten Zeit zwar auch Faszination, im täglichen Zusammenleben aber wurde es dann schwierig. Hier war Toleranz angesagt: Der andere ist anders! Zu ihm gehört eine lange Geschichte, die ihn geprägt hat, und die nichts mit mir zu tun hat. Ältere Partner, die sich finden, müssen also der Eigenart und der Autonomie des anderen einen großen Spielraum geben, auch wenn dies der »Einheitssehnsucht« ihrer Verliebtheitsgefühle zunächst widerspricht.

Margot und Philipp fanden dabei auch noch die Lösung, immer wieder Kompromisse zu schließen: Einmal geht es nach deiner Vorliebe, einmal nach meiner. So lernten sie, flexibel mit ihren Unterschieden umzugehen und es bereitete ihnen zusehends Vergnügen, einmal in der Welt des einen und dann wieder in der Welt des anderen »zu Gast« zu sein. Auf solchen Wegen – Kompromisse zu finden, sich aufeinander einzulassen und so (wieder) beweglicher zu werden – kann auch von älteren Paaren die beglückende Seite des Anders-Seins wieder entdeckt werden.

Zu diesem Anders-Sein gehört übrigens auch, wie wir es für die Patchworkfamilie ganz allgemein gesagt haben, dass zur

Geschichte des anderen auch seine Kinder zählen, mit denen er jahrelang zusammengelebt hat. Zwar sind bei Paaren in dieser Lebensphase, wie es auch bei Philipp und Margot war, diese schon erwachsen und in aller Regel bereits aus dem Haus. Das erhöht aber unter Umständen die Konflikthaftigkeit, weil die erwachsenen Söhne und Töchter ihre Vorbehalte gegen den/die »Neue/n« viel heftiger und nachhaltiger zum Ausdruck bringen können, als es kleineren Kindern möglich ist. Philipps Sohn zum Beispiel stieß sich daran, dass sein Vater so schnell die neue Frau ins Haus gelassen hatte, was er im Andenken an seine verstorbene Mutter als einen Tabubruch empfand – und er machte auch kein Hehl aus diesem Vorwurf.

Auch kann hier eine Rolle spielen, dass manche Söhne und Töchter zum Beispiel um ihr Erbe zu fürchten beginnen, wenn der neue Partner/die neue Partnerin auftaucht, und es ist auch abgesehen von solchen besonderen Konfliktpunkten nicht verwunderlich, wenn die erwachsenen Kinder Zeit brauchen, um, wenn überhaupt, eine persönlichere Beziehung zu dem/der Neuen zu entwickeln. Auch hier zeigt sich: Das Eigen-Leben des anderen in den Jahren vor der gemeinsamen Beziehung, mit dem keiner der Partner etwas zu tun hatte, muss von diesen berücksichtigt und in seinen Auswirkungen auf das gegenwärtige Zusammenleben toleriert werden.

Das hieß für unser Beispiel, dass Margot einverstanden damit war, wenn Philipp Zeit mit seinem Sohn ohne sie verbrachte, und dass Philipp es akzeptierte, wenn Margot auch mal ohne ihn ihre Töchter mit ihren Familien besuchte. Damit werden die Grenzverläufe der betroffenen Familien-Systeme akzeptiert und anerkannt. Und wenn es dann im Laufe der Zeit möglich wird, dass beide ihre Familien auch miteinander besuchen, werden diese Grenzen auch noch flexibler und durchlässiger, und es kann immer mehr ein gutes neues Ganzes für alle entstehen.

Paare mit großem Altersunterschied

Wir schauen nun auf die zweite oben angeführte Konstellation: Uns begegnet in den letzten Jahren immer öfter die Variante der »neuen Liebe im Alter«, dass diese sich entzündet zwischen einem älteren Mann und einer (sehr) viel jüngeren Frau. Auch der umgekehrte Fall, dass der Mann in der neuen Beziehung erheblich jünger ist als seine Geliebte, wird häufiger, ist aber im Vergleich zur erstgenannten Konstellation doch noch sehr viel seltener. Darum richten wir jetzt unser Augenmerk auch auf ein Paar der ersten Art:

Holger war 63 und Dagmar 44, als sie sich kennen und lieben lernten. Holger war als Ingenieur in seiner Firma vor kurzem durch eine große Umorganisation gezwungen worden, früher in den Ruhestand zu treten, als er vorgehabt hatte. Dagmar dagegen hatte in ihrer Firma gerade als Gruppenleiterin einen Schritt in die Führungshierarchie gemacht. Dagmars Kinder gönnten ihrer Mutter die neue Beziehung von Herzen, und Holger war kinderlos. In dieser Hinsicht und auch, weil das Gesamtsystem weniger komplex war als im Fall unseres vorausgehenden Paares, stellte sich im Vergleich dazu die Situation zunächst erheblich leichter für die beiden dar.
Der Altersunterschied wurde in der ersten Zeit ihrer Liebe für die beiden überhaupt nicht spürbar. Holger war noch voll bei Kräften, seine Sexualität erfuhr durch die attraktive Dagmar noch eine kräftige Neu-Belebung. Auch äußerlich war der Altersunterschied kaum zu merken – was für Angehörige der Generation »Junge Alte« sehr häufig der Fall ist: Man würde sie erheblich jünger einschätzen, als es ihrem physischen Alter entspricht. So stand den beiden – nach mehreren recht frustrierenden früheren Beziehungen – die Tür zu dem, wonach sie sich immer gesehnt hatten, gleichsam weit offen.

Allerdings machte sich nach einiger Zeit eine gewisse Asymmetrie bemerkbar: Dagmar machte ihr Beruf Freude, und zunächst freute sie sich auch auf das Zuhause immer sehr, wo sie Holger nicht selten mit einem bereits fertigen Abendessen empfing. Allerdings unterschieden sich seine Gefühle den Tag über recht stark von denen Dagmars. Er beschäftigte sich mit allem Möglichen, mit dem Haushalt, der Instandsetzung und Instandhaltung der Wohnung, las und schrieb Briefe – aber das alles ließ ein eher schales Gefühl in ihm zurück, und das eigentliche Leben schien ihm erst zu beginnen, wenn Dagmar zur Tür hereinkam.

Dies verstärkte sich mit der Zeit und wirkte sich so aus, dass sich häufig ein recht ungeduldiger Ton bei ihm einschlich, wenn Dagmar einmal etwas später als gewohnt nach Hause kam, weil noch etwas für ihren Chef zu erledigen gewesen war. Oder wenn sie voller Begeisterung manchmal von einer gelungenen Aktion an ihrem Arbeitsplatz berichtete, konnte er nur sehr verhalten darauf reagieren. Und wenn sie mal sehr positiv über einen neuen Kollegen sprach, merkte sie, dass er sehr verschlossen wurde. Außerdem fiel ihr auf, dass Holger immer häufiger und nachhaltiger auf mehr Gemeinsamkeit drängte, nicht nur an Wochenenden, sondern auch unter der Woche am Abend, und da war sie manchmal sehr müde und hatte viel mehr das Bedürfnis nach Rückzug und Allein-Sein, um sich selbst wieder »zu sortieren«.

Die anfangs sehr gleichwertige Beziehung wurde »asymmetrisch«: Holger wurde immer mehr zum Bedürftigen, Dagmar fühlte sich in die Rolle der Geberin gedrängt, obwohl sie sich nach manchen stressigen Tagen selbst als sehr bedürftig erlebte.

Was hier zum Tragen kam, war eine Tatsache, die auch andere Paare in der ersten Intensität der Verliebtheit oft nicht beachten: Dass sich beide in ihrem individuellen Lebenszyklus in zwei sehr verschiedenen Phasen befinden, was anfangs allerdings für die beiden meist in keiner Weise spürbar wird. Dagmar war in der mittleren Lebensphase und Holger bereits in der Altersphase, Dagmar auf der Höhe ihrer Leistungsfähigkeit und ihres beruflichen Engagements, Holger bereits im Ruhestand und ohne Leistungs-Herausforderung.

Dagmars Leben war einerseits durch ihre Rolle in ihrem beruflichen System ausgefüllt und andererseits durch ihre Rolle als Partnerin in ihrem Paar-System. Holger dagegen war nur noch auf das Paar-System ausgerichtet und wollte die Grenzen dieses Systems gleichsam immer mehr ausweiten, sodass Dagmars berufliches Engagement immer mehr in Konkurrenz dazu kam und zum Hindernis für die Paarbeziehung wurde. Die Folge davon waren wachsende Unzufriedenheit und immer häufigere Auseinandersetzungen.

Was braucht es hier und bei ähnlichen Konstellationen, um nicht in solche Fallen für die Beziehung zu geraten? Das erste ist die Herausforderung für beide, diese Tatsache zu realisieren: Bei aller Liebe, die uns verbindet und uns das Gefühl von Nähe und Einheit vermittelt – wir sind beide in unterschiedlichen Lebensphasen, und darum ist für uns jeweils auch Unterschiedliches im Leben dran.

Dagmar steigt gerade die Stufen ihrer Karriereleiter hoch, Holger ist am Ende seiner beruflichen Laufbahn. Die Grenzen um ihre Paarbeziehung müssen darum anders verlaufen als bei einem jungen Paar, das sich gerade ineinander verliebt hat. Für Dagmar braucht es innerhalb dieser Grenzen Spielraum, der von Holger akzeptiert wird, und das bedeutet für ihn: Was zwischen Dagmar und ihm »an sich« möglich wäre, ist eingeschränkt durch ihre andere Lebenssituation. Und das gilt es für ihn zu akzeptieren, es lässt sich nicht erzwingen durch Drängen nach noch mehr gemeinsamer Zeit oder gar durch Vorwürfe und Anklagen. Die bewirkten genau das Gegenteil: dass sich Dagmar tatsächlich aus der Beziehung zurückzuziehen begann.

Aus der Einsicht in die Lebensrealität der beiden musste Holger und müssen Partner in ähnlicher Situation Abstriche von ihren jeweiligen Idealvorstellungen machen. Das ist in gewisser Weise resignativ, was jedoch keineswegs als negative Resignation zu bewerten, sondern im Sinn von »resignativer Reife« (s. o.) zu sehen ist: Realität ist, dass die beiden (noch) nicht in einer gemeinsamen Lebensphase sind, und diese Realität mit ihren Konsequenzen, vor allem mit den nötigen Abstrichen an ersehnter Gemeinsamkeit, musste von beiden, und vor allem von Holger, akzeptiert werden.

Damit dies möglich wird, stellte sich für Holger natürlich die Frage, die sich an dieser Stelle für Menschen in ähnlicher Situation immer erhebt: Was tritt bei mir anstelle des beruflichen Engagements, was füllt bei mir das Leben in ähnlicher Weise aus wie der Beruf das Leben meines Partners? Was ist meine individuelle Lebensaufgabe als die Person, die ich für mich bin, abgesehen von meiner Paarbeziehung? Eigene Anliegen, eigene Beziehungen, eigenes (zum Beispiel ehrenamtliches) Engagement, all das ist hier gefragt.

Anstatt dass Holger den Tag über mehr oder weniger damit ausfüllte, dass er auf Dagmar wartete, war er herausgefordert, sich diesen Fragen zu stellen und hier zu tragfähigen Antworten zu kommen. Nach längerem Suchen entschied er sich, in eine Ausbildung für Beratung schwer kranker und sterbender Menschen und ihrer Angehörigen beim Hospiz-Dienst einzusteigen. Damit richtete er sich auf eine neue individuelle berufliche Aufgabe aus und begann, eine neue Balance herzustellen, die für beide wieder befriedigender wurde, sodass das Glück ihrer anfänglichen Liebe nicht mehr nur als Illusion erschien.

Hier gilt also auf eine neue und verstärkte Weise, was wir

schon mehrmals für die Liebe in der Zweierbeziehung gesagt haben: Damit die ersehnte Vereinigung der Partner gelingt, braucht es die starke Betonung auch der individuellen Grenzen der eigenen Person, der eigenen Autonomie. Holger ist in eine Situation hineingerutscht, die bei Paaren mit großem Altersunterschied nicht selten festzustellen ist: Der ältere Partner hängt sich – vielleicht aus der Illusion, selber dadurch wieder »jung« zu werden – in übermäßiger Weise an den anderen und betont zu ausschließlich die Bindung, was den anderen dann veranlasst, seine Autonomie in Abgrenzung immer stärker zu bekräftigen. Hieraus kann sich eine Eskalation ergeben, die die Beziehung zerstört, was natürlich vor allem für den Älteren dann besonders bitter werden kann.

Ein bewegendes Beispiel dafür ist in dem lesenswerten Buch von Arno Geiger über seinen Vater (Geiger 2012, S. 21f.) nachzulesen. Die Mutter des Autors war 15 Jahre jünger als sein Vater und hatte ihn, als er bereits Mitte 60 war, nach 30 Jahren Ehe verlassen. Dies hatte schwerwiegende Folgen für den Vater:

»Die Trennung hatte ihm schwer zu schaffen gemacht, er war strikt gegen die Scheidung gewesen, einerseits weil er mit meiner Mutter zusammenbleiben wollte, andererseits weil es für ihn Dinge gab, die streng bindend sind … Während meine Mutter das Haus verließ, harrte der Vater innerlich bei der toten Beziehung aus, treu der verlorenen Sache. Das Weggehen der Mutter leitete beim Vater eine Zeit des Brütens und der Tatenlosigkeit ein. Es war, als sei die letzte Feder in ihm gesprungen. Sogar die Gartenarbeit gab er auf, obwohl er wusste, dass seine Kinder beruflich sehr eingespannt waren und unter der zusätzlichen Belastung stöhnten.«

Der Vater des Autors zeigt also deutliche Anzeichen einer tiefgehenden Depression, und wahrscheinlich können das Menschen, denen es ähnlich ergangen ist, sehr gut nachvollziehen. Darum gilt auch hier: die drohenden Anzeichen der typischen Beziehungskrise zu erkennen und sich daran machen, die Beziehung wieder in eine Balance zu bringen.

Konsequenzen

Eine neue Liebe im Alter schafft durch die neu entstehende Paar-Beziehung auch neue Grenzen zu den bisherigen Familien-Systemen. Damit entstehen neue Möglichkeiten, nicht zuletzt die, dass die neuen Partner frühere unbefriedigende oder schlimme Beziehungserfahrungen dadurch oft ein Stück weit kompensieren und die dort erlittenen Wunden heilen können. Aber es können dadurch – wie wir an den Beispielen gesehen haben – auch viele Irritationen in den Beziehungen der Partner zu ihren alten Familien entstehen. Wie bei einem Mobile das Ganze aus der Balance gerät, wenn ein Teil verschoben wird, so geschieht es auch mit dem Gesamt-Beziehungssystem, wenn neue Annäherungen oder Distanzierungen stattfinden. Die Grenzen des Gesamt-Beziehungssystems verändern sich dadurch stark, und ihre »Neujustierung« verlangt von allen Betroffenen viel Anpassungsbereitschaft und Loslassen eingespielter Gewohnheiten.

Dies sollte von allen jenen beachtet werden, denen im vorgerückten Alter noch das Geschenk einer neuen Liebe zuteil wird. Denn Verliebtheitsgefühle kennen kein Alter! Die Intensität dieser neuen Erfahrung drängt oft zum raschen, manchmal auch zu raschen und zu engen »Zusammen« und »Miteinander«. Die bisherigen Beziehungen in den Familien aber verlangen *auch* Beachtung. Es braucht Geduld, Rücksichtnahme und »Sich Zeit Lassen«. Finden die Paare hier die richtige Balance, kann ein solcher Neubeginn auch in späten Jahren noch zu einer erfüllenden Lebenserfahrung werden.

Merksätze für Paare

Grenz-Konflikte vermeiden, abschwächen und meistern

Wir haben das Thema »Grenzen der Liebe« in den vorausgehenden Kapiteln in den unterschiedlichen Lebensphasen von Paaren und Familien behandelt und diskutiert. Dabei sind immer wieder unterschiedliche und neue Konstellationen deutlich geworden, die auch ein unterschiedliches Umgehen mit diesen Grenzen erfordern. Wir möchten daraus zum Schluss dieses Buches eine Art Resümee ziehen und in sieben »Merksätzen« zusammenfassen, was es bei diesem Thema durchgängig in allen Lebensphasen in gleicher oder ähnlicher Weise zu beachten gilt.

1. *Bei Konflikten in Paar- und Familienbeziehungen, die immer wieder auftreten und sich nicht nachhaltig beilegen lassen, lohnt sich die Frage, ob »Grenzkonflikte« dabei eine Rolle spielen.*

Wir Menschen brauchen zum Leben in Beziehungen einerseits Freiraum und andererseits Nähe und Bindung. Diese beiden Bedürfnisse kommen leicht in Widerspruch zueinander. Bindung kann zu eng werden, und bei zu viel Freiraum drohen Einsamkeit und Bindungslosigkeit. Damit Tendenzen zu beidem verhindert werden, braucht es Grenzen: Ab-Grenzung vom/von anderen, und Grenzziehungen um den eigenen Raum nach außen. Konflikte bei Paaren und in Familien entstehen immer dann, wenn solche Grenzziehungen nicht gelingen. Beispiele: Bei den beiden Partnern, die ständig streiten, weil sie sich zu wenig Eigenraum für Autonomie lassen. Oder der junge Mann, der frustriert ist, weil seine Frau es zulässt, dass sich ihre Eltern immer wieder einmischen (Kapitel 2); oder Konflikte der Eltern, weil der Mutter ein Kind näher steht als ihr Mann (Kapitel 4); oder zwischen Frau und Ex-Mann, weil dieser vom Kontakt zu seinen Kindern ausgeschlossen wird (Kapitel 5).

2. *Grenzkonflikte können betreffen: das Individuum, die Zweierbeziehung oder auch die Beziehungen in größeren sozialen Gefügen.*

Beispiele aus unseren Ausführungen: Wenn der eine Partner im Interesse seiner Autonomie sich gegenüber dem anderen Partner abgrenzt, der mehr Nähe und Bindung will; das liebende Paar, das mit den Eltern in Streit gerät, weil die sich zu viel einmischen (beides Kapitel 2); das Paar in der Familie, das sich gegenüber den Kindern nicht oder zu wenig abgrenzt (Kapitel 3 und durchgehend); ein Kind, das den neu dazugekommenen Partner der Mutter ablehnt, weil es ihn als Eindringling erlebt (Kapitel 5).

3. *Grenzen innerhalb von Paarbeziehungen und Familien müssen immer einerseits klar und andererseits flexibel/ durchlässig sein. Starre, undurchlässige Grenzen bedeuten immer: Ausschluss von anderen – ob gewollt oder ungewollt.*

Eine klare und zugleich »durchlässige« oder flexible Grenze entsteht zum Beispiel dann, wenn die Eltern Kindern Grenzen auf eine Weise setzen, dass diese nicht an ihrem Wohlwollen zweifeln, aber andererseits genau wissen, was sie dürfen und was nicht. Von einer starren Grenze sprechen wir dann, wenn Eltern zum Beispiel ihr kleines Kind unnötig lange allein und schreien lassen, weil sie gerade etwas scheinbar Wichtigeres zu tun haben. Die Kunst der Grenzziehung besteht in der Balance zwischen Klarheit einerseits und Verbundenheit andererseits. Klarheit in der Grenzziehung ohne Verbundenheit ergibt starre Grenzen. Verbundenheit ohne Klarheit ergibt verschwimmende Grenzen. Typisches Beispiel für verschwimmende Grenzen: Wenn ein Kind einem der Partner emotional näher steht als dessen Ehepartner (vgl. Kapitel 4). Oder: Wenn zwei Partner so viel Nähe und Gemeinsamkeit haben, dass ihre jeweilige Autonomie dadurch verkümmert.

4. *Immer lohnt sich bei Konflikten auch die Frage: Geht es dabei um ein »Drittes« und wie sind die Grenzen diesem gegenüber gestaltet?*

Beispiele: Mann – Frau, und der Beruf des Mannes, der ihn »auffrisst«. Oder: Mann – Frau, und die Mutter des Mannes, die ihre Schwiegertochter immer wieder kritisiert. Oder: Mutter und Kind, das seinen Stiefvater ablehnt.

5. *Ebenso lohnt sich oft die Frage: Wie stellt sich das mit dem »Dritten« entstandene Beziehungsdreieck dar: Wer ist nahe mit wem, wer distanziert von wem?*

Zu unseren Beispielen bei Merksatz 4: Der Mann und sein Beruf sind enger zusammen als das Paar. Die Frau ist quasi »ausgegrenzt«. Im zweiten Beispiel: Der Mann steht seiner Mutter näher als seiner Frau. Die Frau bleibt »ausgegrenzt«. Drittes Beispiel: Das Kind hält Abstand zum Stiefvater, weil es ihn als fremd und störend für die Beziehung zur Mutter empfindet.

6. *Wichtig ist auch die Frage: Worum geht es im jeweiligen Konflikt: um »Hereinholen« des Dritten, um Abgrenzung vom Dritten? Um Verstärkung der Grenzen oder um deren flexiblere Gestaltung?*

Zwei Beispiele dafür: Das ältere Paar, das sich »anödet« und das auf ein früheres gemeinsames Hobby als »neues Drittes« zurückgreift und so seine Beziehung wieder verlebendigt (Kapitel 8). Und: Die Frau, die zu einem Kind eine besonders nahe Beziehung hat, wendet sich wieder stärker ihrem Mann zu. Damit holt sie ihn gleichsam wieder ins »Paar-System« herein und grenzt dieses dem Kind gegenüber stärker ab. Wenn sich der Mann dann stärker für das Kind engagiert, wird die Eltern-Kind-Triade wieder hergestellt. Die Grenzen um das Paar-System werden verstärkt und die Grenze, die zwischen Kind und Vater entstanden ist, wird flexibilisiert, durchlässig (vgl. dazu Kapitel 4).

7. *Der-die-das Dritte zu integrieren, bedeutet immer Weiterentwicklung und Vertiefung der Paar- und Familienbeziehungen.*

Beispiele: Der Mann erzählt seiner Frau begeistert von seinem Segelfliegen und gewinnt dadurch ihr Interesse dafür. Das Segelfliegen als »Drittes« schafft damit keinen Abstand mehr zwischen ihnen, sondern wird ein Gesprächsthema, das sie sogar mehr miteinander verbindet (vgl. dazu Kapitel 8).

Oder: Der getrennte Vater bemüht sich wieder mehr um sein leibliches Kind, das bei seiner Ex-Frau und deren neuem Partner lebt, und diese fördern den Kontakt auch. Dadurch wird für das Kind die »alte« Familienbeziehung wiederhergestellt, es entsteht eine Verbindung zwischen dem »alten« und dem »neuen« Leben der früheren Partner, das Kind ist nicht mehr im Loyalitätskonflikt und fühlt sich beiden Familienteilen zugehörig (Kapitel 5).

Drittes Beispiel: Die Krebserkrankung seiner Frau wird vom Mann nicht ausgeblendet, sondern zum Anlass genommen, sich in neuer Weise liebevoll und intensiv um sie zu kümmern. Dadurch wird dieses »Dritte«, die Krankheit, eine Herausforderung zu größerer Nähe des Paares zueinander (Kapitel 8).

Literatur

Brockhausen, B. (2012): Hoheitsgebiete. Revierkämpfe in der Liebe. München

Clement, U. (2005): Erotik – eine Frage der Entscheidung. Sexuelle Selbstverwirklichung statt sexueller Lustlosigkeit. In: Psychologie heute, Juni 2005, S. 26–29

Fivaz-Depeursinge, E. / Corboz-Warnery, A. (2001): Das primäre Dreieck. Vater, Mutter und Kind aus entwicklungstheoretisch-systemischer Sicht. Heidelberg

Fthenakis, Wassilios E. (1985): Zur Psychologie der Vater-Kind-Beziehung (Band I). München

Fthenakis, Wassilios E. (1988): Zur Vater-Kind-Beziehung in verschiedenen Familienstrukturen. (Band II). München

Geiger, A. (2012): Der alte König in seinem Exil. München

Gottman, J. (1999): Lass uns einfach glücklich sein. Der Schlüssel zu einer harmonischen Partnerschaft. München

Graf, J. (2002): Wenn Paare Eltern werden. Weinheim

Herpell, G. In: Süddeutsche Zeitung Magazin, Nr. 15, 13. 4. 2012, S. 11–15

Jellouschek, H. (2003): Systemisches Arbeiten mit Stieffamilien. In: Zander, B. / Knorr, M. (Hg.): Systemische Praxis der Erziehungs- und Familienberatung, S. 180–198. Göttingen

Jellouschek, H. (2005): Beziehung und Bezauberung. Wie Paare sich verlieren und wiederfinden, gespiegelt in Märchen und Mythen. Stuttgart

Jellouschek, H. (2008): Wenn Paare älter werden. Die Liebe neu entdecken. Freiburg

Jellouschek, H. (2012, 13. Aufl.): Warum hast du mir das angetan? Untreue als Chance. München

Jellouschek, H. (2013, 4. Aufl.): Liebe auf Dauer. Was Partnerschaft lebendig hält. Freiburg

Jellouschek-Otto, B. / Jellouschek H. (2012, 6. Aufl.): Lebensübergänge meistern: Vom Paar zur Familie (Eigenverlag)

Kast, V. (2012): Vater-Töchter – Mutter-Söhne: Wege zur eigenen Identität aus Vater- und Mutterkomplexen. Freiburg

Kemmerer, A. / Kapp, F. (2002): Emotionale Stiefkinder therapeutischen Handelns: Zum Beispiel Vergebung. In: Psychotherapie im Dialog, 3/2, S. 184–187

Krähenbühl, V. / Jellouschek, H./ Kohaus-Jellouschek, M. / Weber, R. (2011, 6. Aufl.): Stieffamilien. Struktur – Entwicklung – Therapie. Freiburg

Krüger, W. (2011): Freiraum für die Liebe. Nähe und Abstand in der Partnerschaft. Freiburg

von Klitzing (1996): Das Basler Elterninterview. Universität Basel, unveröffentl.

von Kürthy, I. (2012): Unter dem Herzen. Ansichten einer neugeborenen Mutter. Hamburg

Minuchin, S. (1978): Familie und Familientherapie. Theorie und Praxis struktureller Familientherapie. Freiburg

Moeller, M. L. (1988): Die Wahrheit beginnt zu zweit. Das Paar im Gespräch. Hamburg

Nuber, U. (2009): Viel zu viel Gefühl! Ein Plädoyer für neue Werte in der Partnerschaft. In: Psychologie heute, Dez. 2009, S. 20–25. Weinheim

Perell, E. (2010): Wild Life. Die Rückkehr der Erotik in die Liebe. München

Retzer, A. (2009): Lob der Vernunftehe. Frankfurt

Richardson, D. (2012): Slow Sex. Zeit finden für die Liebe. München

Schnarch, D. (2011): Intimität und Verlangen. Sexuelle Leidenschaft wieder wecken. Stuttgart

Schneewind, K. A. (2010, 3. Aufl.): Familienpsychologie. Stuttgart

Schwaiger, S. (2001): Persönlichkeitstraining mit Pferden. Das Praxisbuch. Stuttgart

Welter-Enderlin, R. (2003): Paare – Leidenschaft und lange Weile. Die Kunst des Lebens zu zweit. Freiburg